Carl Eugen Pauli

Altitalische Studien

1. Band

Carl Eugen Pauli

Altitalische Studien
1. Band

ISBN/EAN: 9783743497504

Hergestellt in Europa, USA, Kanada, Australien, Japan

Cover: Foto ©Thomas Meinert / pixelio.de

Weitere Bücher finden Sie auf **www.hansebooks.com**

Altitalische Studien.

Herausgegeben

von

Dr. Carl Pauli,
Rektor des Realprogymnasiums zu Ulzen.

Erstes Heft.

Mit einer lithographierten Tafel.

Hannover.
Hahn'sche Buchhandlung.

1883.

Hofbuchdruckerei der Gebr. Jänecke in Hannover.

Vorrede.

Mit dem vorliegenden Hefte eröffnet der Unterzeichnete eine Reihe von Untersuchungen, welche er geglaubt hat am besten unter die Bezeichnung „altitalische Studien" zusammenfassen zu können. Diese Hefte, welche in zwangloser Folge erscheinen werden, haben als nächsten Zweck den, die altitalischen Sprachen und ihre Denkmäler zu durchforschen, wobei das „altitalisch" nicht in dem ethnographischen Sinne dieses Wortes zu verstehen ist, sondern rein geographisch, und zwar im heutigen Sinne des Wortes „Italien", so dass es nicht bloss die Osker, Sabeller, Umbrer, Volsker und Latiner umfasst, sondern auch die Messapier, Etrusker, Ligurer, Gallier und was an kleineren Stämmen sonst innerhalb des Raumes zwischen Alpen, adriatischem, ionischem und tyrrhenischem Meere angesiedelt war. Es ist die Sammlung also auch bestimmt, die weiteren Hefte von des Unterzeichneten „etruskischen Studien" in sich aufzunehmen (deren Heft 1 — 3 bei Vandenhoeck & Ruprecht in Göttingen, Heft 4 und 5 aber im Verein mit Deeckes „etruskischen Forschungen" bei Alb. Heitz in Stuttgart erschienen sind). Aber auch die Sprachen und Denkmäler der übrigen altitalischen Stämme sollen entsprechende

Pflege finden. Aus dem Gebiete des Lateinischen freilich wird nur das Altlateinische, etwa bis einschliesslich Terenz, in diese Untersuchungen hineinzuziehen sein. Es scheint dem Unterzeichneten, als ob auf allen diesen Gebieten trotz der rüstigen Arbeit der letzten Jahrzehnte noch mancherlei zu schaffen sei und als ob manche der anscheinend schon gelösten Aufgaben noch einer erneuten Behandlung bedürften.

Ausser diesem nächsten Ziele haben diese Hefte aber noch ein weiteres, dem in letzter Instanz auch jene sprachlichen Untersuchungen zu dienen bestimmt sind. Dieses weitere Ziel aber ist die Aufhellung der Ethnographie und ältesten Geschichte Italiens. Dass hier noch ausserordentlich viel zu thun sei, ist ja bekannt. Es werden somit auch Arbeiten dieser Art von dieser Sammlung nicht ausgeschlossen, vielmehr neben den rein sprachlichen sehr willkommen sein.

Die Einrichtung der Hefte wird die sein, dass jedes derselben eine oder, je nach den Umständen, auch zwei längere Abhandlungen und sodann eine Anzahl kürzerer Miscellen bringt.

Das „Herausgegeben" auf dem Titel ist deshalb beigefügt, weil der Unterzeichnete nicht bloss eigene Arbeiten, sondern auch solche von Mitarbeitern veröffentlichen wird, wie denn gleich das vorliegende unter den Miscellen bereits einen Beitrag bietet, der nicht von dem Unterzeichneten herrührt. Es würde dem letzteren ausserordentlich erwünscht sein, wenn sich recht viele geeignete Kräfte an der Arbeit auf diesem so interessanten Gebiete beteiligen wollten.

Das vorliegende Heft eröffnet den Reigen mit einer Neuuntersuchung der Inschrift des kleinen am Quirinal gefundenen Gefässes. Beim Durcharbeiten der bisherigen Deutungen dieser interessanten Inschrift ergaben sich mir eine so erhebliche Anzahl teils sachlicher, teils aber und besonders sprachlicher Bedenken, dass ich schliesslich zu der Überzeugung gelangte, die bisherigen Deutungen seien überhaupt nicht haltbar. In der Meinung nun, dass ein jeder, der überhaupt mit wissenschaftlicher Arbeit sich beschäftigt, nicht bloss das Recht, sondern auch die Pflicht habe, seine Bedenken und abweichenden Anschauungen auszusprechen, habe ich geglaubt eben die Inschrift von neuem untersuchen zu sollen. Eine solche Disputatio pflegt ja im allgemeinen in der einen oder anderen Weise die Sache zu fördern. Und endlich hatte gerade die vorliegende Inschrift für mich noch ein besonderes persönliches Interesse. Es ist neuerdings (cf. die Academy vom 6. Mai 1882) der Versuch gemacht worden, die Entzifferung des Etruskischen unter Zugrundelegung von Inschriften ohne Worttrennung in die Hand zu nehmen. Es reizte mich, an dem Beispiel der vorliegenden Inschrift zu zeigen, wie trügerisch ein solches Verfahren sein müsse. Denn wenn schon bei einer Sprache, wie der altlateinischen, die wir doch im wesentlichen kennen, die Deutung einer Inschrift ohne Worttrennung so verschiedene Resultate ergeben kann, wie das bisherige und das meinige es sind, welchen Wert kann dann die Deutung von Inschriften einer Sprache haben, von der unsere Kenntnis noch so ausserordentlich gering ist, wie von der etruskischen! Es liegt auf der Hand, dass solche Resultate nichts anderes sein können, als Phantasiegebilde, und dass die Sache durchaus vom verkehrten Ende angefasst ist, sofern Inschriften ohne Worttrennung nur den Zielpunkt, nimmermehr aber den Ausgangspunkt von Entzifferungsversuchen bilden können. Es mag sich ja dieser oder jener von derartigen Resultaten blenden lassen, die besonnene Forschung wird sich gegen sie ablehnend zu verhalten haben.

Ülzen, Silvesterabend 1882.

Carl Pauli.

Inhalt.

I. Die altlateinische Inschrift des Gefässes vom Quirinal. Von C. Pauli.
II. Miscellen:
1) Zu den etruskischen Inschriften (H. Schaefer).
2) Der etruskische Gott *klaninś* (C. Pauli).
3) Etruskisch *netei* „Schwiegermutter" (C. Pauli).
4) Marsisch-lateinisch *memorbid* (C. Pauli).
5) Zum römischen Libertuspränomen (C. Pauli).

Verzeichnis
der
behandelten etruskischen Inschriften.

Fa. = Fabretti, Corpus inscriptionum Italicarum antiquioris aevi.
Suppl. = Supplementa desselben Werks.
Ga. = Gamurrini. Appendice al Corpus inscr. Ital.

Fa. 233 p. 63.
„ 247 p. 64.
„ 423 = 436 bis p. 61.
„ 436 bis = 423 p. 61.
„ 490 p. 64.
„ 491 = 706 bis p. 61.
„ 504 = 822 p. 62.
„ 601 bis b p. 64.
„ 628 quater p. 65.
„ 645 bis p. 66.
„ 650 = 828 p. 62.
„ 658 ter a p. 65.
„ 658 ter b p. 65.
„ 658 ter c p. 65.
„ 694 p. 63.
„ 696 bis p. 63.
„ 704 bis p. 64.
„ 706 bis = 491 p. 61.
„ 709 bis b p. 63.
„ 720 p. 65.
„ 758 = 839 bis u p. 62.
„ 762 p. 63.
„ 779 p. 65.
„ 822 = 504 p. 62.
„ 828 = 650 p. 62.
„ 839 bis u = 758 p. 62.

Fa. 845 = Ga. 94 p. 65.
„ 876 ter h p. 66.
„ 933 p. 64.
„ 942 p. 66.
„ 985 ⎫
„ 986 ⎬ p. 66.
„ 987 ⎭
„ 1011 bis l p. 64.
„ 1272 p. 67.
„ 1333 ⎫
„ 1334 ⎪
„ 1335 ⎬ p. 69.
„ 1336 ⎭
„ 1340 p. 67.
„ 1487 p. 65.
„ 1552 p. 68.
„ 1571 p. 68.
„ 1713 p. 68.
„ 1715 p. 68.
„ 1772 p. 68.
„ 1840 p. 64.
„ 2608 bis p. 68.

Suppl. II, 10. 11. p. 62.

Ga. 94 = 845 p. 65.

I.

Die altlateinische Inschrift
des
Gefässes vom Quirinal.

Von
Carl Pauli.

Die alttateinische Inschrift des nach Dressels Feststellungen Ende 1879 oder Anfang 1880 am Quirinal gefundenen kleinen Thongefässes mit drei Öffnungen hat, soweit mir bekannt geworden, folgende Bearbeitungen gefunden:

1) von Dressel (unter Beihülfe von Bücheler) in den Annali dell' Instituto di corrispondenza archeologica, Band 52, Seite 158 bis 195, nebst Tafel L (1880);

2) von Bücheler im Rheinischen Museum, Band 36 der neuen Folge, Seite 235 bis 244 (1881);

3) von Jordan im Hermes, Band 17, Seite 225 bis 260 nebst Doppeltafel (1881.);

4) von Osthoff im Rheinischen Museum, Band 36 der neuen Folge, Seite 481 bis 498 (1881);

5) von Jordan in den Vindiciae sermonis latini antiquissimi, Beilage zum Vorlesungsverzeichnis der Universität Königsberg für das Sommersemester 1882 (1882);

6) von Bréal in den Mélanges d'Archéologie et d'Histoire der École française de Rome, mit Tafel (1882), auch als Separatabzug erschienen, nach welchem ich citiere;

7) von Ring in seinen Alttateinischen Studien (Pressburg und Leipzig, Siegmund Steiner, 1882), Seite 2 bis 4.

Die vorstehenden Arbeiten werden im folgenden durch die blossen Seitenzahlen citiert werden, die beiden Arbeiten von Jordan jedoch durch den Zusatz Herm. resp. vind. geschieden.

Ich stelle zunächst die Ergebnisse ihrer Untersuchungen nach Lesung und Deutung zusammen:

1) Dressel:

Jore Sat deiros qoi med mitat, nei ted endo
Jovi Sat[urno] deis qui me mittat, ne te intus
cosmis virco sied asted, noisi Ope Toitesiai pacari rois;
comes virgo sit adstet, nisi Opi Tutesiae pacari vis;
Drenos med feced en manom, einom dze noine
Dvenus me fecit propter mortuum, et die nono
med mano statod.
me mortuo sistito.

Colui che agli iddii Giove e Saturno mi offrirà, non abbia seco in quel luogo una vergine per campagna ed assistente, senonchè quando vuol fare il sacrifizio ad Ope Toitesia;

Dvenos mi fece per il defunto, ed il nono giorno al defunto ponimi.

2) Bücheler:

Jore Sat deiros qoi med mitat, nei ted endo cosmis virco sied asted, noisi Ope Toitesiai pacari rois;
Drenos med feced en manom einom dze noine med mano statod.

Wer mich den Göttern Juppiter und Saturnus schickt, nicht soll dich hineinbegleiten eine Jungfrau oder dabeistehen, wenn du nicht der Ops Toitesia ein Bittopfer gebracht wissen willst;

Bennus hat mich gemacht für einen Seligen, und so sollst du denn am neunten Tage mich dem Seligen hinstellen.

3) Jordan (Herm.):

ionei sat deinos qoi med mitat, nei ted endo cosmis virco sied, asted noisi ope toitesiai pakari rois;
duenos med feçed en manom einom dze noine med mano statod.

Du, der du dieses Gefäss den Göttern Juppiter und Saturn darbringst, hüte dich, dass nicht eine Jungfrau dir freundwillig sei, es sei wenn du nicht willst mit Ops Toitesia deinen Frieden machen;

Duenos hat mich fürs Totenopfer gemacht; drum sollst du am neunten Tage mich zum Totenopfer stellen.

4) Osthoff:

Jore Sat   deiros qoi med mitat, neited endo
Jovem Saeturnom deivos qui me mittat, curet intus
cosmis rir cosied asted, noisi Ope Toitesiai pacari rois.
comis vir consit adstet, nisi Opi Toitesiae pacari vis.

Der Schluss der Inschrift ist nicht besprochen.

5) Jordan (vind.):

Text wie im Hermes. Übersetzung:
Jovi Saturno divis si quis me mittat, ne in te comis virgo sit; ast nisi Opi Toitesiae pacari vis;
Dvenus me fecit in manum (i. e. ad manium sacrum); igitur dienoni me mano sistito.

6) Bréal:

Joreis   at   deiros qoi med mitat   nei ted endo,
Jupiter aut deus   cui me   mittat [iste], ne te endo,
cosmisu   irco, sied;
commissi ergo, sit;
   asted nois, io peto,   ites   iai, pacari rois;
ast te nobis, eo penso. λιταῖς iis, pacari velis;
Duenos med fered en manom; einom Duenoi ne med
Duenos me   fecit in bonum; nunc Dueno ne me *malo statod.*
malo sistito.

Jupiter ou quel que soit le dieu auquel celui-ci m'adressera, que celui-ci ne tombe point entre les mains pour ce qu'il a pu commettre:
mais laisse-toi fléchir pour nous au moyen de ce don. au moyen de ces cérémonies:
Duenos m'a affert en hommage pour son repos: ne me prends pas en mauvaise part pour Duenos.

7) Ring:

Jore Sat deiros qoi med mitat? Nei ted endo cosmis rirco sied asted, noisi Ope Toitesiai pacari rois;

Drenos med feced en manom einom dze noine med mano statod.

Dem Juppiter und den beiden Saturnen, den Djāŭs-Söhnen, wer (quae) soll mich hinstellen? nicht stelle dich eine Jungfrau hin, soll sie unter den reinen sein, es sei denn, dass du der Ops Toitesia dich versöhnen willst;

ein Guter (sc. der Spender) hat mich gemacht für den Toten, und am Novendial soll sie (?) mich dem Toten hinstellen.

Für Saturnier werden die Worte gehalten von Bücheler, Osthoff und Ring. Sie lesen sie folgendermassen:

1) Bücheler:
*Jové Sá(e)t(úrno) — deívos qoí med mítat,
nei téd éndo cósmis — círco sied ásted,
noisi 'Ope Toitésiái — pácari vois. (sic!)
[Retús Gabíniús] med — féced én mánom
einóm dzé noine — méd máno státod.*

2) Osthoff:
ebenso, nur Zeile 2 abweichend:
neitéd (oder *neíted?*) *éndo cósmis — vír cósied ásted.*

3) Ring:
a) *Jové Sat(úrnōs) deívōs — qóï méd mítat?*
b) *nei ted éndo cósmis — rírco sjéd ásted*
c) *noísi Ope Toitesíaï — pácari, róïs*

a) *dreno(s) méd fecéd en mánom* { *einom dzé noine (b)*
{ *méd manó státod (c)*

Wie man sieht, tragen die vorstehenden Lesungen und Deutungen, trotz mancher Abweichungen im einzelnen, doch insgesamt eine gewisse Familienähnlichkeit an sich, sofern sie alle darin einstimmig sind, dass die Inschrift sakraler Natur sei und auf die Widmung des Gefässes an einen Verstorbenen sich beziehe.

Bevor ich diese Frage und die damit im Zusammenhang stehende, ob wir Saturnier vor uns haben, einer Prüfung unterziehe, will ich zuvörderst die bisherigen Ergebnisse im einzelnen prüfen und diejenigen Punkte derselben, gegen welche ich Bedenken hege, der Reihe nach durchgehen. Den Anfang der Inschrift vor dem zuerst mit Bestimmtheit abzutrennenden Worte *deiros* bildet die Buchstabengruppe *iovesat*. Hier ist zunächst das fünfte Zeichen, der senkrechte Strich, verschieden aufgefasst. Dressel, Bücheler, Osthoff (auf Ring werde ich nur gelegentlich eingehen) fassen ihn als Interpunktion, Jordan und Bréal als ein i. Da die Inschrift sonst keine Interpunktion hat, so ist die erstere Auffassung schon von vornherein sehr unwahrscheinlich, und was Dressel (164) darüber anführt, ist nicht sehr überzeugend und bereits durch Jordan (Herm. 228) widerlegt. Wie wir sonst in der Inschrift mehrfach Korrekturen finden, so ist ohne Zweifel auch der fragliche Strich ein nachträglich hineinkorrigiertes i. Die so sich ergebende Buchstabengruppe *ioveisat* macht nun zuvörderst, abgesehen von den weiteren Gründen, welche Jordan (vind. 7) mit Recht dagegen geltend gemacht hat, Osthoffs Deutung des *iove* als *Jovem* unmöglich, denn *iovei* kann nicht Akkusativ, sondern, wenn richtig abgetrennt, nur Dativ sein, als was dann auch die übrigen Interpreten ihr *iovei* (resp. *iove*) fassen. Aber diese Auffassung stellt sich gleichfalls als unmöglich heraus durch die Form *deiros*. Diese Form könnte, da man *sat* als Abkürzung für *Saturno* nimmt, nur Apposition zu diesen beiden Götternamen und somit ein Dativ Pluralis für *deivois* sein, als was sie denn auch Dressel, Bücheler und Jordan fassen, letzterer mit der Wendung: „Es ist kein Wort darüber zu verlieren, dass *deivos* aus *deivois* entstanden ist, wie *devas* aus *devais*", womit das *devas Corniscas* in CIL. I, no. 814 gemeint ist. Aber so einfach liegt die Sache doch nicht. Osthoff hat bereits darauf hingewiesen, dass sich aus den verwandten Sprachen der Dativ auf *-ās* als die ältere Form ergebe, die Form auf *-ais* hingegen, erhalten im ask. *-ais* (z. B. *diumpais*), im Lateinischen geschwächt zu *-eis* (cf. Corssen, Ausspr. I ^{2}, 700), nur eine Analogiebildung nach dem *-ois* der Stämme auf *-o* sei, und eben dasselbe hat G. Meyer (griech. Gramm. 311) für die entsprechenden griechischen Bildungen dargethan. Dem entgegengesetzt ist gerade das -*ois* der männlich-neutralen Stämme in seinem Diphthongen die echte alte Form (cf. auch für das Griechische wieder G. Meyer. l. c. 309). Für das Femininum lautet also die Entwickelung *deirās, deivais, deireis,* für das Maskulinum hingegen müsste sie, wenn *deivos* wirklich Dativ Pluralis wäre, *deivois, deivōs* lauten, d. h. wir hätten genau den umgekehrten Gang. Dass bei dieser Sachlage das *derās Corniseis* keine brauchbare Analogie für einen männlichen Dativ *deirōs* bildet, liegt auf der Hand. Ebenso wenig bildet *nōn* für altes *noenum,* *noinom* eine passende Analogie. Hier handelt es sich um Kontraktion in der Stammsilbe des Wortes, welche im Lateinischen ganz anderen Lautgesetzen unterliegt, als die Endungen, eine Erscheinung, deren Grund die Betonungsverhältnisse des Lateinischen sind. So wenig man also etwa aus *ūtor* für *oitor* schliessen darf, dass auch in Endsilben *oi* zu *ū* werden könne, so wenig ist aus *nōn* der Schluss gestattet, dass in Endsilben *oi* zu *ō* werden könne. Und auch aus der singularischen Endung -*ō*, welche ja erweislich aus älterem -*oi* hervorgegangen ist, folgt das nicht. Denn dieses -*oi* ist, wie das griechische -ῳ zeigt, als -*ōi* zu fassen (cf. auch G. Meyer l. c. 295). In Diphthongen aber, deren erstes Element eine Länge ist, verklingt, wie unter anderem gleichfalls das griechische -ῳ zeigt, das zweite kurze Element leicht, in Diphthongen hingegen, wo auch das erste Element eine Kürze ist, nicht. Das -*ois* aber hat, wie skr. -*esu*, gr. -οισι, -οις darthun, ein kurzes *o* als erstes Element seines Diphthongen. Griech. -οισι von -οις zu trennen, wie es G. Meyer (l. c. 310) will, hat doch seine grossen Bedenken. Wenn also auch im Singular -*oi* zu -*ō* wird, so folgt daraus in keiner Weise, dass auch pluralisches -*ois* zu -*os* werden könne. Es fehlt also, wie man sieht, an jeglicher Analogie, die die Annahme wahrscheinlich machen könnte, in *deivos* sei -*os* aus -*ois* hervorgegangen und die genannte Form sei ein Dativ Pluralis. Ist sie aber das nicht, dann kann sie nur noch Nominativ Singularis oder Akkusativ Pluralis sein. Diese beiden Kasus aber ergeben neben einem Dativ *iorei* keine syntaktisch annehmbare Konstruktion. Schon hierdurch wird es zweifelhaft, ob die Zerlegung in *iorei sat* wirklich richtig sei. Aber es kommt noch ein weiteres Moment hinzu. Auch dieses *sat* selbst erregt sehr schwerwiegende Bedenken. Die Inschrift zeigt sonst nirgend eine Spur von Abkürzungen. Es wäre doch höchst merkwürdig, dass der Schreiber gerade den Namen eines Gottes sollte abgekürzt haben, zumal ihm Platz genug für den vollen Namen zur Verfügung stand. Das ist mir einfach unglaublich und wird auch durch die Beispiele bei Ritschl. PLME ind. 117 sq. auf welche Dressel (178. not. 1) hinweist. nicht glaublich gemacht. Denn diese Beispiele sind durchaus anderer Art. Das *Ho* und *Virt* zunächst (pag. 13. no. 90) stehen auf einer Münze. *Mar* | *Ult* (tab. VIII. 4) auf einer Glans. auf denen beiden ja alles abgekürzt werden kann. *Mat· M atut* (tab. XLIV. O) auf einem Cippus. der weiter nichts als diesen Namen enthält. Bei *Herc·* (tab. LXXVIII. M) ist die Abkürzung überhaupt nicht ganz sicher, denn die Inschrift ist fragmentiert und bricht gerade hinter *Herc·* ab; der Punkt scheint allerdings noch vorhanden zu sein. aber diese Inschrift, wie alle übrigen. welche abgekürzte Götternamen zeigen. haben auch sonst Abkürzungen. So bietet die unsere neben *Herc·* noch *coer*. Neben *Cast· et· Pol·* und *Dian·* (tab. LXIII. D) kommen noch etwa 10 weitere Abkürzungen vor, hier. wie im folgenden. die Vornamensiglen und das *f·* = *filius* ungerechnet. Neben *Cer·* (tab. LX, F) steht *sacerd·*, neben *Vener* (tab. LIX, E) *sacerdot·* und *f* (= *fecit*). *Lar* (tab. LXXVI. J) hat die weiteren Abkürzungen *aed* und *d· s· p· f· c* neben sich. Die das *Vic* enthaltende Inschrift (tab. IIC. H) ist ganz und gar in Abkürzungen geschrieben, sogar der Gentilname ist abgekürzt. Neben *Fortuna Primig* (pag. 30. F) steht *don·*, bei *Fortunae Opse* (tab. L. F) und *Victorie Seing* (tab. IIC. D) ist es überhaupt nicht sicher, ob in dem je zweiten Worte ein Name vorliegt, und überdies hat jenes die Abkürzung *cens*, diese die Abkürzungen *Supn* und *hubs* neben sich. Ausserdem sind alle vorstehend aufgeführten Inschriften mit Interpunktion geschrieben. Es liegt auf der Hand, dass Inschriften, die auch sonst Abkürzungen enthalten und durch die Interpunktion das richtige Verständnis an die Hand geben, für eine nicht interpungierte Inschrift, die sonst durchaus keine Abkürzungen, wohl aber Raum genug für den ausgeschriebenen Namen bietet, keine Analogie abgeben können, und die Wahrscheinlichkeit für ein *Sat* = *Saturno* ist eine so geringe, dass man geradezu die Möglichkeit dieser Abkürzung leugnen darf.

Stellt sich somit die Annahme, das *sat* sei aus *Saturno* gekürzt, schon von Hause aus als eine in hohem Grade unwahrscheinliche heraus, so erhebt nun auch noch die sprachliche Form dieses *sat* Einsprache gegen die genannte Annahme. Die älteste italische Form des betreffenden Gottesnamens lautet *Sareturnos*. Das ergiebt sich aus den dem älteren Italischen entlehnten etruskischen Namensformen dieses Stammes mit voller Sicherheit, und verweise ich dieserhalb auf meine etr. Stud. V, 21. Wenn wir nun auf dem zwar alten, aber ohne Zweifel doch im Verhältnis zu unserm Gefäss jüngeren Weinkrug CIL. I, no. 48 noch *Saeturno* finden, so ist es ein Anachronismus, auf unserem Gefäss schon das kontrahierte *Saturno* anzunehmen. Diese Erwägung scheint denn auch Osthoff zu seiner Schreibung *Sæt* veranlasst zu haben, die freilich auch recht misslich ist, sofern einmal das *a* nach den Zeichnungen sehr deutlich eine Korrektur des *e* ist und andrerseits ein Diphthong *æ*, als welches man die Schreibung Osthoffs doch wohl fassen muss, in dem Worte überhaupt keine Stelle haben könnte. Denn das *Saeturno* des erwähnten Weinkruges ist ohne jeden Zweifel, eben wegen der Grundform *Sareturnos*, als *Saëturno* aufzufassen. Und der Anachronismus eines *Sat(urno)* auf unserem Gefäss wird noch grösser, wenn wir erwägen, dass *deiros* auch noch das *r* zwischen den Vokalen erhalten hat. Dieser Umstand berechtigt zu der Annahme, dass man zu der Zeit, als unsere Inschrift abgefasst wurde, sogar noch *Sareturno* gesagt haben würde. Damit wird denn die Vermuthung, *sat* sei eine Abkürzung von *Saturno*, durchaus hinfällig, und es ist somit von dem Gotte *Saturnus* in unserer Inschrift überhaupt nicht die Rede. Das Unsichere dieser Annahme hat denn auch bereits Bréal veranlasst, die Zerlegung in *iovei sat* aufzugeben und eine andere vorzuschlagen, und zwar in *ioreis at deivos*, was er folgendermassen erklärt: „*ioreis*: c'est le nominatif, faisant fonction de vocatif; *at*: conjonction pour *aut*; *deivos*: ce nominatif fait, comme *ioreis*, fonction de vocatif." Auch diese Erklärung indessen ist in hohem Grade bedenklich. Ohne Bedenken wäre das *at* für *aut*. Der Wechsel zwischen *a* und *au* ist gerade für die ältere Zeit in den italischen Dialekten oft genug zu belegen, was ich hier nicht weiter ausführen will. Vielleicht sollte man freilich wohl für jene Zeit wegen osk. *arti*, umbr. *ute* hinter *aut* noch einen auslautenden Vokal erwarten, aber das ist eben nur ein Vielleicht, welches die Gleichsetzung von *at* mit *aut* nicht direkt unmöglich macht. Schlimmer aber ist *deivos* als Vokativ. Bréal sucht es zu stützen durch die Bemerkung: „on sait d'ailleurs que *deus*, en latin, garde sa forme au vocatif." Das ist ja freilich richtig, aber wo es diese Form beibehält, sehen wir bei Neue (lat. Formenl. I¹, 83): „*deus* hat im Vokativ beinahe immer *deus*, wenn sich dasselbe auch wohl nur in der Vulgata.... und bei kirchlichen Schriftstellern.... finden möchte; *dee* haben jedoch Tert. adv. Marc. 1. 29 und Prudent. hamart. 931, und dasselbe rechtfertigt Prob. instit. art. 532, S. 340." Ich glaube nicht, dass man aus der Zeit der Kirchenväter einen Schluss für die Zeit unserer Inschrift ziehen darf, zumal selbst zu der Kirchenväter Zeiten noch die richtige Form *dee* nicht völlig ausser Gebrauch gekommen war. Weshalb man statt *dee* damals lieber *deus* sagte, liegt ja auf der Hand, es ist der Gleichklang der beiden *e*, den man vermeiden wollte. Dieser Grund liegt aber bei *deive*

wie die Form in unserer Inschrift lauten würde, gar nicht
vor, und es ist daher in allerhöchstem Grade unwahrscheinlich,
dass man in der Zeit unserer Inschrift jemals im Vokativ
deivos gesagt habe, selbst wenn man sich an Plautinische Ausdrucksweise wie *da, meus ocellus, mea rosa, mi anime, mea
roluptas, Leonida, argentum mihi* (asin. 694 sq), erinnert. Ein
anderes ist es, wenn man von seltener gebrauchten Wörtern,
wie *ocellus*, den Vokativ dem Nominativ gleich bildet, ein anderes,
wenn man dies annehmen will für Wörter, wie das sicherlich
jeden Tag bei sakralen Handlungen gebrauchte *deivos*, wo
gerade dieser Gebrauch die Form *deive* auch im Volksmunde
geschützt haben wird. Es ist mir daher nicht glaublich, dass
in jenen Zeiten der Vokativ sollte je *deivos* haben lauten
können. Und genau ebenso liegt die Sache bei der Annahme, *Joveis* könne Vokativ sein. Der Stamm *Jov-* flek-
tiert im Lateinischen der älteren Zeit ausschliesslich von
dieser Grundform aus, niemals von einer zum *i*-Stamme
erweiterten Form *Jovi-*. Das beweist vor allen Dingen der
Genetiv Pluralis *Joum* bei Varro, l. l. 8, 38. 74. Mü., dem
gegenüber das *Jovium* bei Prob. instit. art. 495, S. 333 natürlich nichts besagen will. Wenn Varro weiter hinzufügt,
dass man im Nominativ statt *Jovis Juppiter*, statt *boris bos*
sage, so sind diese angeblichen Nominative nichts weiter als
theoretische Fiktionen. Wirklich gegeben hat es einen Nominativ *Jovis* jemals so wenig wie einen solchen *boris*.
Derselbe hiess vielmehr, das zeigt uns ja auch *Juppiter* noch,
Jous und sein Vokativ lautete entweder, dem griechischen
Ζεῦ entsprechend, *Jou*, und dies ist das Wahrscheinlichere,
oder, in Gemässheit des skr. *Diauṣ pitar* (Rgveda 6, 51, 5).
Jous. Die Annahme also, dass es je einen Vokativ *Joveis*
habe geben können, ist durchaus unwahrscheinlich.

So stellen sich also erhebliche Schwierigkeiten heraus
sowohl gegen die Annahme eines Akkusativs *Jove(m)*, wie
gegen einen Dativ *Jovei*, wie gegen einen Vokativ *Joveis*.
Und zu den schon behandelten kommen nun noch zwei
weitere hinzu, welche sich gegen das Vorhandensein des

Juppiter in unserer Inschrift überhaupt erheben. Die erste ist sachlicher Natur: Was hat denn Juppiter mit einer Totenspende zu thun? „La natura et l'essenza di Giove in vero nulla hanno di commune col triste regno dei morti", sagt Dressel (188) mit Recht. Man braucht diese Schwierigkeit nicht erst zu schaffen, sie ist eo ipso da, und zwar nicht bloss für den Juppiter, sondern auch für den Saturn, und ich kann sie auch durch das, was Dressel selbst (l. c.) und Jordan (Herm. 239 sqq) über diesen Punkt vorgebracht haben, nicht als beseitigt ansehen. Die zweite Schwierigkeit ist eine sprachliche. Wir finden in den entschieden jüngeren Inschriften CIL. I. no. 57. 188. 638. 1435 die Formen *Diorem, Diore, Diorei* noch mit *dj* anlauten, daneben allerdings auch schon früh (CIL. I. nr. 56) ein *Jovei*. Wenn aber in dieser jüngeren Zeit die Formen mit *dj* noch überwiegen, dürfen wir dann wirklich für die Abfassungszeit unserer Inschrift schon den blossen Anlaut *j* gelten lassen, zumal wir in *duenos* auch das dem *dj* entsprechende *dv* noch bewahrt finden?

Alle diese sehr bedeutenden Schwierigkeiten erwägend, wird man also zu dem Schlusse gedrängt, dass von Juppiter in unserer Inschrift so wenig die Rede sei, wie von Saturn, und dass man daher eine andere Zerlegung der Buchstabengruppe *ioveisat* zu suchen habe.

Die von allen Erklärern angenommene Trennung der nun folgenden Buchstabengruppe *qoimedmitat* in *qoi med mitat* giebt zu Bedenken keinen Anlass, zweifelhaft ist aber die Erklärung des *qoi*. Alle Interpreten, mit Ausnahme von Bréal, fassen dies *qoi* als Nominativ, und zwar Dressel, Bücheler, Jordan, Osthoff als Maskulinum für *quei*, Ring als Femininum *qō-ī*, welches eine ältere Form für *q̄-ī*, *quae* sein soll, während Bréal darin den dem späteren *quoi* entsprechenden Dativ sieht. Wenn wir, wie billig, von der Ring'schen Deutung absehen, so fragt es sich also zunächst, ob sich ein Nominativ *qoi* für *quei* genügend rechtfertigen lasse. Ist dies nicht der Fall, dann hat natürlich Bréal recht. Bücheler nennt die Form *quoi* die längst vorausgesetzte Grundform für *quei*. Ich weiss nicht, ob diese Voraussetzung wohl eine durchaus sichere genannt werden kann, obwohl auch mir nach den Darlegungen von Joh. Schmidt (Kuhns Zeitschr. 25, 94) eine Grundform *quoi* für *quī* wahrscheinlich ist. Jedenfalls ist das nicht zu leugnen, dass *qoi*, dem so vielfach, auch bei Plautus noch, belegten *quoi* entsprechend, auch Dativ sein könne, und es scheint mir vorsichtiger, zunächst einmal die Konstruktion darauf hin zu prüfen, ob sie nicht doch einen Dativ *qoi* statt des immerhin, wenigstens für die Zeit unserer Inschrift, unsicheren Nominativs gestatte. Das *med* „me" und *mitat* „mittat" bieten keine Schwierigkeiten. Letzteres haben wir genau in der gleichen Schreibung in der Sentenz der Minucier (CIL. I, no. 199, Z. 31).

In der nun folgenden Partie der Inschrift *neitedendo cosmisvircosied* hebt sich zuerst das *endo* klar als eine bekannte altlateinische Form ab. Bezüglich des *neited* schwanken die Ansichten. Gegenüber dem *nei ted* „ne te" der übrigen Ausleger will Osthoff *neited* als „nitito" fassen. Mehrere Einwendungen gegen diese Auffassung hat schon Jordan (vind. 7) erhoben, dem ich unbedingt beistimme. Aber zu seinen Gegengründen gesellt sich noch ein weiterer, gleichfalls sehr schwerwiegender. Wie nämlich das *gnixus* des Paulus (pag. 96. Mü.) darthut, steht *nītor* für *gnītor*, und dies bestätigt auch die bereits von Corssen (Ausspr. I², 83) richtig gegebene Etymologie. Da wir nun noch auf Denkmälern späterer Zeit den Anlaut *gn* erhalten finden, wie z. B. in *gnoscier* (CIL. I, nr. 196, Z. 28) *gnatus* (ibid. 15mal in 13 verschiedenen Inschriften), so ist es wieder ein Anachronismus, hier auf unserem Gefäss bereits ein *neited* anzunehmen. Es müsste vielmehr, von allem übrigen abgesehen, *gneited* heissen. Es wird daher bei der Trennung in *nei ted* verbleiben müssen, da eine andere Wortzerlegung sich nicht bietet. Dieses *ted* will nun Jordan (Herm. 235) mit dem folgenden als Präposition gefassten *endo* verbinden, so dass es „in te" bedeute. Das ist mir nicht recht glaublich. Ich nehme Anstoss an der Nachstellung des *endo*. Sämtliche Belegstellen des präpositionalen Gebrauches von *endo*, wie sie bei Neue, lat. Formenl. II¹, 548 verzeichnet stehen, zeigen ohne Ausnahme das *endo* vor dem abhängigen Worte. Es erscheint mir als Willkür, dem gegenüber die Möglichkeit auch der Nachstellung von *endo* anzunehmen, und ich halte demnach für die ältere Zeit ein *ted endo* für ebenso unzulässig wie für die spätere ein *te in*. Auch die Berufung Jordans (Herm. 248) darauf, dass *endo* zu den unechten Präpositionen gehöre und diese im Latein eine starke Neigung zur Postposition hätten, ändert hieran nichts. Die Belegstellen für *endo* sind zahlreich genug, so dass man annehmen müsste, dass doch mindestens in einer von ihnen uns diese Postposition erhalten wäre. Da das aber nicht der Fall ist, denn das ganz unsichere *lapidestructuendocolumnaestant* (cf. Jordan, krit. Beitr. 251) kommt nicht in Betracht, so wird man doch daran zweifeln müssen, dass *endo* überhaupt diese Stellung haben annehmen können. Und wenn weiter Jordan die Frage aufwirft, ob nicht die Postposition von *endo* dem Einfluss einer anderen Mundart zuzuschreiben sei, so ist auch dies zu verneinen, die Inschrift ist, wie sich später herausstellen wird, in einem reinen, von einem andern Dialekt in keiner Weise beeinflussten Latein geschrieben, so rein, dass es geradezu mustergültig ist.

Bezüglich des *cosmis* als *comes* „Begleiter", teile ich die sämtlichen Bedenken, welche von Jordan (Herm. 233 sq) sowohl vonseiten der Laute wie der syntaktischen Konstruktion vorgebracht sind. Diese Bedenken entfallen, sobald man mit Jordan selbst *cosmis* als ältere Form für *cōmis* „freundlich" fasst. Lautlich bietet diese Herleitung gar keine Schwierigkeit. Etymologisch zog man *comis* freilich bisher zu skr. *k̇mas* „Liebe", aber da Jordan selbst nach Bezzenberger auf slav. *kochati* „lieben" von einer Wurzel *kos* hinweist, so ist auch von dieser Seite her die Sache ohne Bedenken.

Nicht beizustimmen vermag ich Bréals Zerlegung in *cosmisu irco*. Ich habe gegen dieselbe folgende Einwände vorzubringen. Zunächt steht bei dieser Erklärung die Form *cosmisu* in lautlichem Widerspruch mit Bréals eigener Erklärung der von ihm abgetrennten Form *peto* (cf. weiter unten), sofern in jener aus *co-smit-tu* sich *cosmisu* mit *s* (= *ss*) gebildet, dagegen in *peto* für *pend-to* sich *t* (= *tt*) entwickelt haben soll. Diese beiden Lautentwickelungen neben einander sind unmöglich, entweder müssten beide Formen *s* oder beide *t* zeigen. Sodann macht grosses Bedenken der bei dieser Erklärung anzunehmende Abfall der genetivischen Endung. Bréal beruft sich für denselben auf das genetivische *senatu* in CIL. I. no. 1066. Aber diese Berufung ist nicht zutreffend. Zunächst gehört die citierte Inschrift einer doch immerhin späteren Zeit an, als die unseres Gefässes und sodann ist in ihr der Abfall des -*s* ohne Zweifel nur graphisch, nicht lautlich. Es folgt nämlich auf das *senatu* die Form *sententia*, also eine Form mit anlautendem *s*, vor welchem das auslautende -*s* von *senatus* nicht geschrieben wurde, ebenso wie die Formen *opido*, *ese* in derselben Inschrift ohne Gemination geschrieben sind. Ganz genau der gleiche Vorgang wiederholt sich in dem *zenatuo- senten* der faliskischen Inschrift Fa. no. 2441. Dieser Grund fällt für unsere Inschrift aber fort. Hier folgt auf das *cosmisu* kein *s*, sondern die Form *irco* mit anlautendem Vokal. Es ist mir daher nicht glaublich, dass *cosmisu* ein Genetiv sollte sein können. Man hätte vielmehr für unsere Inschrift sicher noch die volle Endung -*uos* zu erwarten, wie sie vorliegt in dem *senatuos* des SC. de Bacch. Und auch das *irco* = *ergo* erregt Bedenken. Es kann wohl im Ernste nicht bezweifelt werden, dass *ergo* ein alter Ablativ sei. Da nun aber unsere Inschrift in *med*, *ted* und *statod* das auslautende -*d* bewahrt, so wäre für *ergo* gleichfalls *ercod* zu erwarten, wozu man Ritschl, neue plaut. Exc. pag. 84 vergleiche. Auch das *i* in *irco* für das spätere *e* ist schwer zu rechtfertigen. Bréal beruft sich für dasselbe zwar auf die

Formen *Mirqurios*, *stircus*, *Virgilius*, aber sie bieten keine geeignete Parallele. Das erstere ist als *Mirqurios* belegt durch CIL. I, no. 59 auf einem Spiegel neben *Mixentrom*, als *Mircurios* durch CIL. I, no. 1500 auf einer pränestinischen Ciste. Da sich das *Mixentrom* als *Mixente[r]* auf der gleichfalls pränestinischen Ciste CIL. I, no. 1501 wiederholt, so ist es wohl so gut wie gewiss, dass auch der Spiegel aus Präneste stammt. Der pränestinische Dialekt zeigt aber auch anderweit Lauteigentümlichkeiten, die dem Latein sonst fremd sind, und es giebt daher auch ein pränestinisches *Mirqurios* keine brauchbare Analogie für Formen in einem reinlateinischen Denkmal, als welches sich unsere Inschrift unten herausstellen wird. *Stircus* und *Virgilius* aber bilden gleichfalls keine passende Analogie. Die Form *stircus* ist belegt durch die Inschrift eph. ep. II, 205 no. 298 aus Luceria. Diese Inschrift aber zeigt in den Formen *fundatid*, *projecitad*, *parentatid* für *fundatod* (oder gar *funditod?*), *projicitod*, *parentatod* eine so eigentümliche und ohne allen Zweifel dialektisch beeinflusste Vokalisation, dass auch *stircus* auf Rechnung dieses Dialekteinflusses zu setzen ist. Ist so bei *Mirqurios* und *stircus* die Differenz des Ortes nicht berücksichtigt, so bei *Virgilius* nicht die der Zeit. Die Schreibung *Virgilia* nämlich findet sich in der Inschrift IRN. no. 3986 aus Teanum zweimal, aber, wie die Benennung *Vitellia Virgilia* zeigt, gehört diese Inschrift der Kaiserzeit an und kann daher für die Inschrift unseres Gefässes eben dieser Zeitdifferenz halber nichts beweisen.

Aus allen diesen Gründen also kann ich mich der Trendung Bréals in *cosmisu irco* nicht anschliessen. Man wird daher in *cosmis virco sied*, wie Dressel, Bücheler, Jordan, oder in *cosmis vir cosied*, wie Osthoff, zerlegen müssen. Sprachlich ist beides gleich möglich, denn dass uns sonst, worauf Osthoff selber hinweist, Formen von *consum* nicht belegt sind, ist natürlich kein Gegengrund. Welche von beiden Zerlegungen die richtige sei, wird sich nur durch sachliche Gründe darthun lassen.

Für das *asted* liegen drei verschiedene Deutungen vor, als Verbalform = *adstet* (Dressel, Bücheler, Osthoff), als Adverb mit älterer Endung = *ast*, wie *posted* neben *post* (Jordan), als Zusammenschreibung für *ast ted* = *ast te* (Bréal). Sprachlich ist alles dreies möglich. Zwar ist eine längere Form *asted* für *ast* sonst nicht belegt, aber die Möglichkeit einer solchen Bildung wird man doch nicht leugnen dürfen. Das *asted* für *ast ted* aber fände seine Parallele an dem oben besprochenen *zenatuosenten*, *senatusententia* für *zenatuos senten*, *senatus sententia*. Die Entscheidung zwischen jenen drei sprachlichen Möglichkeiten wird sich wieder nur aus sachlichen Erwägungen finden lassen, obgleich Bréals *ast ted* von vorn herein wegen des Zusammentreffens der Pronomina *ted nois*, wovon gleich nachher, keine recht passende Konstruktion ergiebt und daher auch sprachlich nicht recht wahrscheinlich ist.

Für das *asted* = *adstet* würde es entscheidend sein, wenn Osthoff mit seiner Deutung *cosmis vir cosied asted* recht hätte. Diese Deutung ist, insbesondere wegen des „Asyndeton sollemne", äusserst ansprechend, aber leider doch nicht haltbar. Die sämtlichen Zeichnungen unserer Inschrift zeigen absolut deutlich, dass mit *asted* ein neuer Satz resp. die Umschrift der zweiten Gefässöffnung beginnt. Die Worttrennung hat zwar freien Spielraum, darin hat Osthoff recht, aber nicht die Satztrennung. Diese ist durch Absätze und neue Zeilenanfänge sehr bestimmt gekennzeichnet, und darnach beginnt mit *asted* eben die zweite Inschrift und damit wieder wird das Asyndeton sollemne hinfällig. Ist dies aber nicht vorhanden, dann ist auch für *asted* = *adstet* nichts entschieden. Wir müssen daher in die Betrachtung der auf *asted* folgenden und mit ihm ein und demselben Absatz angehörenden Worte eintreten. Diese sind *noisiopetoitesiaipakarivois*. Hier haben, mit Ausnahme von Bréal, alle Ausleger in *noisi ope toitesiai pakari vois* „nisi Opi Toitesiae pacari vis" zerlegt. Trotz dieses omnium consensus habe ich gegen diese Worttrennung und Deutung eine Reihe der allerschwersten Bedenken. Zunächst hielt ich ein *noisi* = *nisi* für völlig unmöglich. Hier ist der Diphthong *oi* nicht bloss, wie Bücheler meint, überraschend neu, sondern durchaus unerklärbar. Die belegbaren altlateinischen Formen dieser Partikel lauten: *nesei* (Inschrift von S. Quirico), *nisei* (CIL. I. no. 196. 198. 200. 204. 205. 206), *nise* (CIL. I. no. 205 neben *nisei*), *nisi* (CIL. I. no. 199 und 206 neben *nisei*), und dass das *e* oder *i* in der ersten Silbe des Wortes auch im älteren Latein kurz war, zeigen Plautusverse, wie *nisi qui satis diú rixisse sése homo arbitrábitur* (capt. 792), *me sibi habeto, ego me [ei] máncupio dabó: nisi* (mil. gl. 23). Hier eine Verkürzung auch der ersten Silbe anzunehmen, haben wir gar keine Berechtigung, da der kurze Vokal sich aus *ně-que*, *ně-fas*, *ně-queo*, *nǐ-hil* durchaus genügend als die echte alte Negation *ně* = skr. *na*, lit. *nè*, got. *ni* erklärt, die in *ně-sei* ein echtes Kompositum bildet, wie in den ebengenannten lateinischen Wörtern und auch in den verwandten Sprachen, und die von dem weitergebildeten und von ihr abgeleiteten prohibitiven und bedingenden *nei*, *nē*, *nī* durchaus verschieden ist. Nun könnte man sich freilich für einen Diphthongen in der ersten Silbe unseres Wortes aus oskisch *neisrae* berufen wollen, aber mit Unrecht. Dies *neisrae* steht in folgenden beiden Sätzen: pr. *censtur bansae [ni pis fuƒid, nei srae q. fust, nep censtur fuid, nei srae pr. fust* „praetor, censor Bantiae ne quis fuerit, nisi si quaestor erit, neve censor fuerit, nisi si praetor erit" und bedeutet ganz unzweifelhaft nicht bloss *nisi*, sondern *nisi si*. Das wird bewiesen durch die Stelle: *izic comono ni hipid ne pon op tortad petiropert urust* „is comitia ne habuerit, nisi cum apud populum quater oraverit" (tab. Bant. 14). Hier haben wir ganz dieselbe Konstruktion, wie oben, nur dass statt *nei srae* hier *ne pon* steht. Das zeigt also, dass in *nei srae* gar nicht das dem lat. *nesei* entsprechende Kompositum, sondern zwei gesonderte neben einander gestellte Partikeln vorliegen, welche lateinisch *nī sī*, älter *nei sei* lauten würden. Dem entsprechend schreibt auch die Tafel das *nei srae* getrennt. Man könnte nun behaupten wollen, auch das *noisi* unserer Inschrift sei so aufzufassen und demnach als *noi si* zu schreiben. Diese Möglichkeit ist zuzugeben, und damit wäre allerdings der Diphthong des ersten Teils erklärt, nicht aber die *o*-Färbung desselben, welche bei der getrennt geschriebenen Partikel *nei* kein italischer Dialekt zeigt. Die genannte Färbung des Vokals lässt sich auch weder durch das angebliche *doirom* der Fuciner Bronze, noch durch das umbr. *nosre*, auf welches man sich hat berufen wollen, rechtfertigen. Was das *doirom* betrifft, so ist zunächst die Existenz dieser Form überhaupt nicht völlig gesichert. Fiorelli las bekanntlich *donom*. Nach den Abbildungen ist nun freilich nicht zu bezweifeln, dass wirklich *doirom* dastehe, aber es kann dies, was auch Jordan (Herm. XV, 10) für nicht unmöglich hält, ein Graveurfehler sein. Ist aber wirklich *doirom* das Richtige, so liegt hier in dem *r* des Wortes ein lautlicher Grund für die Umlautung von *ei* zu *oi* klar zu Tage. In *noi* für *nei* aber fehlt dieser Grund, und es kann daher das *doirom* in keiner Weise als Analogie für das angenommene *noi* verwandt werden. Und ebenso wenig brauchbar ist das umbr. *nosre*, welches angeblich „nisi" bedeute. Diese Deutung rührt schon von Aufrecht-Kirchhoff her, aber dieselben drücken sich vorsichtig genug so aus: „*nosre* zerlegt sich wohl am einfachsten in *no-sre* und scheint = röm. *nisi* zu sein." Die übrigen Ausleger (Bücheler, Bugge, Bréal) sind ihnen darin gefolgt, aber zum Teil nicht ohne Bedenken. Bugge nahm Anstoss gerade an dem *o* und wollte in *nesre* ändern. Bréal verwirft zwar diese Änderung, meint aber doch auch: „Je ne veux pas nier toutefois que *nesre* serait plus en accord avec le latin *nisi* et l'osque *neisvae*." Ich selbst würde am umbr. *nŏ-sre* = lat. *nĕ-sei* keinen Anstoss nehmen. Freilich würde ich es nicht mit Bréal aus *nōu srē* herzuleiten wagen, aber es wäre möglich, dass aus *nĕ-sre* durch den assimilierenden Einfluss des *r* in *sre*, also auf rein lautlichem Wege, sich ein *nŏ-sre* gebildet hätte. Aber ich habe von anderer Seite her Bedenken gegen *nosre* = *nisi*. Die ganze Stelle (tab. Iguv. VI b. 52 sqq), in der diese Form erscheint, lautet: *ape Acesoniame hebetafe benust, enom termnnco stahituto, poi percam asmatia habiest, eturstahmu, esu eturstahmu: pisest totar Tarsinater, trifor Tarsinater, Tuscer Naharcer Jabuscer nommer, eetu chesu poplu nosre ier ehe esu poplu sopir habe esme pople, portatu ulo pue mersest, fetu uru pirse mersest.* Die Parallelstelle (tab. I b, 15 sqq) aber heisst: *Pune menes Akeduniamem, enumek etudstamu tuta Tadinate, trifu Tudinate, Turscum, Naharkum numem, Japuzkum numem. Suepis habe, purtatulu pue meds est, fritu uru pede meds est.* Hier beginnt der zweite Teil deutlich mit *srepis habe*, und da dieser Teil oben wörtlich wiederkehrt, so wird man doch auch dort mit *sopir habe* beginnen und *nosre ier ehe esu poplu* noch zu dem vorhergehenden Satze ziehen müssen und also so interpungieren: *eetu chesu poplu nosre ier ehe esu poplu. Sopir habe* etc., während bis jetzt interpungiert wurde: *eetu chesu poplu. Nosre ier ehe esu poplu, sopir habe* etc., was übersetzt wurde: „ito ex hoc populo. Si non iverit (oder nisi ibitur) ex hoc populo, siquis incola est (oder siquis habet). Man sieht, das *nosre = nisi* steht auf sehr schwachen Füssen. Was nun aber positiv in dem *nosre ier* stecke, sehe ich freilich zur Zeit noch nicht. Nehmen wir aber selbst an, *nosre* sei wirklich = *nisi*, so wäre damit der *o*-Vokal des Lateinischen *noisi* noch durchaus nicht erklärt, denn gerade das umlautwirkende *e* fehlt ja der lateinischen Form. Und wollte man weiter selbst zugeben, der Umlaut sei entstanden, als auch die lateinische Form noch statt *sei* etwa *srei* gelautet habe, und der Umlaut sei auch später nach Ausfall des *r* bewahrt, was alles an sich ja möglich ist, so würde sich bei dieser Sachlage immer nur die *o*-Färbung des Vokals, nicht der Diphthong erklären. Oder will man hier etwa nun gar noch eine Epenthese des *i* aus der Schlusssilbe annehmen!

Alles in allem also liegt die Sache so: entweder ist *noi si* getrennt zu lesen, dann erklärt sich wohl der Diphthong, aber nicht die *o*-Färbung des Vokals, oder *noisi* ist ein Wort, dann erklärt sich zur Not die *o*-Färbung, nicht aber der diphthongische Laut.

Bei dieser Sachlage wird man daher die Möglichkeit, dass es ein *noisi* = *nisi* geben könne, überhaupt bestreiten müssen, und Bréal hat mit Recht diese Form verworfen. Er selbst nun trennt *nois* und zieht das *i* zum Folgenden. In diesem *nois* aber sieht er eine ältere Form des von Paulus (pag. 47 Mü.) überlieferten *nis* == *nobis*. Diese Angabe des Paulus ist eine durchaus glaubhafte. Sie steht in ein und derselben Glosse mit der Angabe, dass die antiqui *sam* pro *suam*, *im* pro *eum* gesagt hätten. Abgesehen davon, dass die Auffassung des *sam* als *suam* eine irrtümliche ist, sofern es vielmehr = *eam* ist, so ist die Thatsache selbst, dass die Alten die Formen *sam* und *im* gebrauchten, richtig (cf. Neue, lat. Formenl. I¹, 138. 141; Bücheler-Windekilde, lat. Dekl. 52). Bewähren sich aber diese beiden Angaben, so ist kein Grund, die dritte Angabe eben derselben Glosse, eben unser *nis* pro *nobis*, zu bezweifeln. Ebenso wenig ist zu bezweifeln, dass dieses *nis* in noch älterer Zeit *nois* gelautet habe, denn die Form ist doch entweder durch Ausstossung des *b* direkt aus *nobis* rein lautlich entstanden, genau wie *tibi* und *sibi* auf diesem Wege einsilbig geworden sind (cf. Bücheler-Windekilde, lat. Dekl. 112 sq), oder die Form ist eine Neubildung nach der Analogie der *o*-Stämme, als was K. O. Müller sie ansieht. Auf jedem dieser beiden Wege aber entsteht zunächst *nois*, welches dann später natürlich mit allen übrigen Dativ-Ablativen auf *-ois* zu *nis* werden musste. Bei dieser Sachlage habe ich kein Bedenken getragen, mich der Auffassung Bréals in meiner Anzeige seiner betreffenden Abhandlung in der Philologischen Rundschau (lauf. Jahrg.) anzuschliessen, teils, weil ich an das *noisi* = *nesei* nicht zu glauben vermochte, teils bestimmt durch das augenscheinliche Entsprechen von *nois* und *rois* in unserem Satze, welches sich ebenso entspricht, wie das *med* und *ted* in der ersten Inschrift.

Damit ist denn auch das *rois* = *robis* gegeben. Auch dies *rois* ist von den andern Interpreten anders aufgefasst, und zwar als eine Verbalform. Dressel lässt es aus *rolis* entstehen, Bücheler aus *rols*, Jordan setzt es gleich dem von Priscian überlieferten allen *reis* für *ris*, ebenso auch Osthoff, nur dass er die Form nicht zu *rolo* zieht, sondern mit ved. *rēṣi* identifiziert, Bréal schliesst sich Dressel an. Alle diese Herleitungen halte ich, mit Ausnahme der Osthoffschen, für lautlich unmöglich. Weder giebt es im Lateinischen den Ausfall eines vorher mouillierten *l* zwischen Vokalen, wie er zur Erklärung aus *rolis* angenommen wird, und was Bréal vorbringt, um diese Lauterscheinung glaublich zu machen, ist weit hergeholt und wenig beweisend, noch giebt es im Lateinischen den Übergang eines *l* in *i* vor *s*, wie ihn Bücheler annimmt. Das Umbrische und Etruskische kennen diesen Übergang und umbr. *coisienus*, etr. *ruisi* stehen in der That, wie ich anderen Ortes beweisen werde, für *rolsienus* und *rulsi*, aber dem Lateinischen ist dieser Lautwandel völlig fremd. So bleibt nur Osthoffs Ansicht als möglich, aber auch sie ist wegen der Antithese des *nois* und *cois* wenig wahrscheinlich.

Ebenso unwahrscheinlich ist die *Ops Toitesia*. So lange man den Saturnus in der Inschrift fand, lag ja für die Ops ein gewisser sachlicher Anhalt vor, aber mit dem Verschwinden des Saturnus verschwindet auch dieser. Und nun vollends der Zuname *Toitesia*. Mit derartigen Phantasiegebilden darf meines Erachtens die Wissenschaft nicht operieren. Das hat denn auch Bréal richtig gefühlt und, wie den Saturnus, hat er auch die Ops Toitesia glücklich beseitigt. Freilich ist er in dem, was er an ihre Stelle gesetzt hat, wenig glücklich. Er trennt, mit dem aus *noisi* disponibel gewordenen schiessenden *i* zusammen, in *io peto ites iai* und dies soll heissen „co penso, λιται; eis." Ich halte wieder ein *peto* für *penso* (cf. das oben zu *cosmisu* Gesagte), noch ein *ites*, welches mit Mouillierung des *l* für *litais* stehen soll, für lautlich möglich, noch in Bezug auf die Endungen den Abfall des ablativischen *-d* in *io peto*, so wie die verschiedene Behandlung der Endung *-ais* in *it-es i-ai* für wahrscheinlich. Ich vermag mich inbetreff der fraglichen Stelle also auch Bréal nicht anzuschliessen.

Wenden wir uns nun zu der Umschrift der dritten Gefässöffnung, so haben wir hier zuerst den von allen Auslegern mit Recht in *duenos med feked* zerlegten Satz. Das erste Wort desselben *duenos* kann ein Name sein, gleich dem späteren *Bennus*, und als Eigennamen fassen es alle bisherigen Interpreten mit Ausnahme von Ring, aber es kann auch, wie ich bereits hier ausdrücklich konstatieren will, gleich *bonus* sein, als was es eben Ring nimmt. Neben dem *duonoro* des Scipionensarges mit seinem *o* weist *bene* sehr bestimmt auf eine Grundform *due-nos*, deren *e* sich in *bene* unter dem Einflusse der Endung der assimilierenden Färbung durch das *r*, wie sie in *duonoro* bereits vorliegt, entzogen hat. Dieses ältere *duenos* kann in unserer Inschrift vorliegen. Die Zerlegung in *med feked* = *me fecit* ist selbstverständlich richtig.

Nicht ganz so sicher ist das nun folgende *en manom*. Es ist an sich auch die Möglichkeit nicht von der Hand zu weisen, dass ein ungetrenntes *enmanom* = *immanem* oder *immane* vorliege. Es ist bekannt (cf. Co. Ausspr. II ², 326 sq), dass in vielen zusammengesetzten Adjektiven sich ein älteres *-os* zu *-is* abgeschwächt hat, und so heisst natürlich auch die ältere Form für *immanis*, dem positiven *manus* entsprechend, *enmanos*, im Akkusativ und im Neutrum also *enmanom*. Ob nun in unserer Inschrift *en manom* oder *enmanom* vorliege, das wird sich erst später aus sachlichen Gründen entscheiden lassen.

Die nächste Buchstabengruppe unserer Inschrift wird von Dressel, Bücheler und Jordan als *einomdzenoine* gelesen und dies in *einom dze noine* zerlegt. Ich vermag weder dieser Lesung noch Zerlegung zuzustimmen, sondern habe gegen beide die gewichtigsten Bedenken. Was zunächst das *einom* betrifft, so sehen alle Ausleger dasselbe als eine Partikel an, die sie bald mit „et" (Dressel. Bücheler, Ring), bald mit „igitur" (Jordan), bald mit „nunc" (Bréal) übersetzen und dem umbr. *enom* „tum", päl. *inom* „et", osk. *iním* „et" gleichsetzen. So sicher diese letzteren drei Wörter trotz der Bedeutungsdifferenz identisch sind, so sicher ist mit ihnen auch lat. *enim* identisch, und so sicher im osk. *iním* die im Umbrischen erhaltene ältere Endung -*om* zu -*im* geschwächt ist, so sicher steht auch lat. *enim* für älteres *enom*, mag dieses nun die mehr bloss anreihende Bedeutung des „et, tum, nunc" der oskischen, pälignischen und umbrischen Form, oder die dem späteren *enim* eigene der kausalen Verknüpfung gehabt haben. Also ein altlat. *enom* wäre unbedingt zuzugeben. Aber auch ein *einom* mit *ei*? Jordan meint zwar, in *einom* bezeichne *ei* den Laut eines kurzen e^i. Aber ob überhaupt im Lateinischen die Bezeichnung eines solchen kurzen Zwischenlautes durch *ei* zulässig sei, das ist doch nicht so völlig sicher, dass man es ohne weiteres auch hier annehmen könnte. Zwar finden sich einige Formen, welche anscheinend ein *ei* an Stelle eines kurzen *e* oder *i* bieten. Es sind dies die folgenden, zumeist bereits von Ritschl (PLME. pag. 62) behandelten: *parenteis* als gen. sg. (CIL. I, 1009 aus Rom), *ceinis* (Or. 3038 aus Rom), *Leicinius* (CIL. I, 1127 aus Nemi), *queis* (Or. 4303 aus Reate), *reiginti* (CIL. I, 1194 aus dem Gebiete des Liris). *faceiу[undum]* und *seibi* (CIL. I, 1229 aus Benevent) *impeirator* (CIL. II, 1041 aus Spanien). Bei näherer Betrachtung aber ergeben sich alle diese Fälle als doch nicht recht zu Parallelen für das in unserer Inschrift vorausgesetzte *einom* geeignet. Zunächst ist zu beachten, dass die drei Formen, *reiginti, facei[undum]* und *seibi*, aus oskischem Gebiet stammen, und das Oskische kennt allerdings hier und da die Bezeichnung eines zwischen *e* und *i* liegenden kurzen Lautes durch *ei*, und zwar dann, wenn es fremde Alphabete anwendet, während die einheimische Schrift dafür das *í* setzt. So haben wir z. B. εivειμ statt des sonstigen *iním* in der Mamertiner-Inschrift (Mo. unt. Dial. 193) nach der auch von Mommsen selbst für richtig gehaltenen Überlieferung des Rejna. So kann also auch *faccin[ndum]*, *scibi* und *reiginti* in lateinischen Inschriften oskischen Gebiets nicht weiter auffallen, aber eben so wenig auch etwas beweisen für eine in Rom selbst gefundene Inschrift. Ebensowenig scheint mir das *queis* aus dem Sabinerlande etwas beweisen zu können, denn in der fraglichen Inschrift heisst der ganze Satz *ni queis diffidat sibi*, es ist also, wie das *diffidat* und *sibi* darthut, das *i* für *ei* bereits durchgedrungen, ja, es erscheint sogar in *ni* an Stelle des sonstigen *ne* auch ein *i*. Das scheint doch zu zeigen, dass das *ei* in *queis* blos archaisierender Schnörkel, und zwar an unrechter Stelle, ist, aber nicht einen Zwischenlaut zwischen *e* und *i* bezeichnet, wie denn ja überhaupt die Annahme, dass *quis* dereinst *ques* gelautet habe, kaum zu begründen sein würde. Ähnlich verhält es sich mit dem *impeirator* der spanischen Inschrift. Dieselbe Inschrift bietet auch ein *decreivit*, welches es ohne Zweifel nie gegeben hat, die gleiche Inschrift bietet ferner neben einander die Formen *possidere* und *essent* einer-, *posedisent* andrerseits. Erwägt man diese sprachlichen Erscheinungen und beherzigt dabei das von Hübner (Herm. III, 254 sqq) über das Alter der Schrift- und Sprachformen in der fraglichen Inschrift Auseinandergesetzte, so wird man zu dem Schlusse gedrängt, dass uns in der betreffenden Bronzeplatte nicht das Original, sondern eine etwa 50 bis 100 Jahre jüngere Kopie vorliege, welche zwar die Schriftformen des Originals nachzuahmen sich bemüht habe, in den Sprachformen aber teils jüngere, teils archaisierende Schreibungen durch einander werfe. Zu den letzteren gehören dann *decreivit* und *impeirator*, beide gleich falsch und eben nur, wie das *queis*, durch Archaisieren an unrechter Stelle entstanden. Die Inschrift mit *parenteis* zeigt in der Form *ocnlo* ein Versehen des Steinhauers, sofern zuerst *ocule* dastand, welches derselbe später in *oculo* änderte. Bei dieser Sachlage ist nicht ausgeschlossen, dass auch *parenteis* ein solches Versehen sei, sofern der Steinhauer erst *parente* gemeisselt hatte, dann aber neben das *e*

noch das richtige *i* als Korrektur setzte, nun aber das *e* zu
tilgen vergass. Einen ganz ähnlichen Fehler finden wir in
dem *Cupieinnia* für *Cupiennia* von CIL. I. no. 1051. Mommsen
nimmt an, dass dort das überschüssige *i* mit Stuck ver-
schmiert gewesen sei, was natürlich auch in unserer Form
parenteis mit dem *e* der Fall gewesen sein kann. Als Beispiel
der Bezeichnung eines Zwischenlautes zwischen kurzem *e* und *i*
durch *ei* kann die Form daher nicht verwertet werden. Auch
die Form *ceinis* in der anderen stadtrömischen, nach Sprache
und Versbau im übrigen so korrekten Inschrift macht auf
mich entschieden den Eindruck eines Versehens. Die Inschrift scheint mir für die Zeit, wo man noch etwa *cenis*
oder den angenommenen Zwischenlaut gesprochen hätte, zu
jung, für die Zeit hingegen, wo das Vulgärlatein wieder *e*
entwickelte, zu alt. So bleibt schliesslich nur das *Leicinius*.
An einen Fehler der Lesung darf man hier nicht denken.
So nahe es liegt, in *L. Licinius* zu emendieren, es steht doch
Leicinius wirklich da und die Vornamennota fehlt auf dem
gerade an der betreffenden Ecke fragmentierten Steine. Auch
für die Annahme, es liege ein Versehen des Steinmetzen vor,
fehlt hier jeglicher Anhalt. Erwägt man nun, dass der fragliche Name in den etruskischen Inschriften fast stets *lecne*
geschrieben ist, nur einmal die weibliche Form *licni* (Ga. no. 775
aus Tarquinii) mit *i* in der Stammsilbe begegnet, so scheint
es allerdings, als ob im *Leicinius* das *ei* als Bezeichnung eines
Zwischenlautes zwischen kurzem *e* und *i* aufgefasst werden
müsse. Aber ist die Inschrift eine rein lateinische? Mit
unserem Steine zusammen ist ein zweiter (CIL. I. no. 1128)
gefunden, der die Inschrift *C Voconius C f* trägt. Merkwürdig, dass auch hier, wie auf dem anderen Steine, ein
etruskisches Geschlecht erscheint. Denn *Voconius* ist nichts
anderes, als der Reflex des etr. *vecu*, einer bekannten Familie. Über die schon im Etruskischen selbst sich findenden
Weiterbildungen auf *-na* und *-nie* bei Gentilnamen habe ich
etr. Stud. IV. 82 sq gehandelt und an Stelle des lat. *vo* zeigt
das Etruskische fast konstant *ve*, nur vereinzelt auch *vu*,

welches aber gerade bei unserem Namen zweimal (Ga. no. 281. 282) im weiblichen Genetiv *cnenmd* sich findet. Wenn nun aber so auf beiden Steinen die genannten Familien etruskische sind, wäre es da nicht möglich, dass auch die Schreibung *Leicinius* etruskisierend wäre? Die Etrusker drücken allerdings Zwischenlaute auch bei kurzen Vokalen, wie ich etr. Stud. V. 62 dargethan, durch Nebeneinandersetzen beider Vokale aus, so dass ein zwischen *leene* und *liene* liegendes *leiene* allerdings durch *leiene* bezeichnet werden konnte. Sollte diese etruskisierende Schreibung nicht eben auch bei unserm *Leicinius* vorliegen? Ist dies der Fall, so haben wir kein einziges sicheres Beispiel von *ei* zur Bezeichnung eines Zwischenlautes zwischen kurzem *e* und *i* in rein lateinischen Inschriften. Das *ei* ergiebt sich vielmehr entweder als dialektische Färbung (oskisierend *reiginti, faceifundum], seibi*, etruskisierend *Leicinius*), oder als ungeschickte Archaisierung an falscher Stelle (*queis, impeirator*), oder endlich als wahrscheinlicher Fehler des Steinmetzen (*parenteis, ceinis*). Man wird also hiernach ein *ei* zur Bezeichnung des genannten Zwischenlautes in einer stadtrömischen Inschrift ältester Zeit zu beanstanden haben, bis sicherere Beispiele dafür vorliegen als die obigen. Möglich wäre nun freilich, dass man mit Jordan unsere Gefässinschrift nicht für reines, sondern für dialektisch gefärbtes Latein hielte, auf welche Annahme ich später zu sprechen komme. Dann könnte allerdings ja *einom* so gut dialektisch gefärbt sein, wie es *reiginti, faceinfundum], seibi* und *Leicinius* sind. Wenn aber, was doch unzweifelhaft am nächsten liegt, die stadtrömische Inschrift auch rein stadtrömisch geschrieben ist, dann halte ich *einom* statt *enom* für wenig wahrscheinlich. Jedenfalls würde eine Lesung und Deutung, welche die Annahme dieses *ei* für den Zwischenlaut zwischen $\breve{e}$ und $\breve{i}$ vermiede, den Vorzug verdienen.

Die einzige Möglichkeit, eine lateinische Form *einom* zu retten, würde meines Erachtens die sein, dass man, gestützt auf das zweimal (tab. Iguv. VI a, 10. 11) erscheinende umbr. *eine*, in der ersten Silbe dieses Wortes einen echten Diphthongen annähme, entsprechend dem $\bar{e}$ des skr. *ēnas*, mit dem die Formen des Umbrischen, Oskischen, Lateinischen in der That z. B. schon von Bopp (vgl. Gr. II², 175 sq) zusammengebracht sind, welcher Diphthong dann später in lat. *ěnim* sich verkürzt hätte. Aber auch diese Annahme erscheint mir nicht ohne Bedenken. Zunächst nämlich entspricht dem skr. *ēnas* nach wohl allgemeiner Annahme lat. *oinos*, genau so, wie skr. *eros* (im Sanskrit selbst nur im Adverb *ēra* erhalten, aber im altpers. *aira*, altbaktr. *aěro* noch völlig lebendig) sich als gr. οἶϝος reflektiert. Dem *oi* von *oinos* gegenüber aber würde das *ei* einer Grundform *einom* doch immerhin auffällig sein, wenngleich nicht der Möglichkeit einer Erklärung entbehrend. Es zeigt nämlich das skr. *ēnas* an der einen Stelle des Ṛgveda, wo es betont ist (8, 6, 19 nach Grassmanns Wörterbuch), im weiblichen Akkusativ die Betonung *enā́m*. Einem so betonten männlichen Akkusativ *ēnám* würde allerdings ein italisches *einom* entsprechen, während *oinos* die Betonung *énos* voraussetzt. Nehmen wir nun für die indogermanische Urzeit eine, vielleicht nach den verschiedenen Kasus, wechselnde Betonung für diesen unseren Pronominalstamm an, was ja nach zahlreichen Analogieen eine durchaus statthafte Annahme ist, so würde sich damit in der That ein ital. *einom* neben *oinos* rechtfertigen lassen, womit dann freilich der Ursprung dieses *einom* bereits in die indogermanische Urzeit fallen würde, auch diese Annahme an sich nicht unstatthaft. Wenn somit auch dieses Bedenken inbetreff des *ei* neben dem *oi* von *oinos* wohl sich heben liesse, so bleibt dann als zweites Bedenken die Verkürzung des *ei* zu *ě*, wie sie für lat. *enim*, wahrscheinlich auch für osk. *ínim*, vielleicht selbst für umbr. *enom* angenommen werden müsste. Dass der Italiker in tieftonigen Silben lange Vokale und Diphthonge in zahlreichen Fällen verkürzt, ist ja seit Corssens mustergültigen Untersuchungen bekannt, aber die Verkürzung hochtoniger Vokale anzunehmen, das ist doch sehr misslich. Das aber müssten wir hier. Denn lat. *enim* und osk. *ínim* zeigen durch die Schwächung des Vokals der

Endsilbe. dass. wenn auch die altindogermanische Betonung *einóm* gewesen sei, doch das Italische *einom* betonte, was ja übrigens auch von den sonstigen Betonungsgesetzen der italischen Dialekte gefordert wird. Die Schwächung des *ei* zu *ĕ* in einem so betonten *einom* aber ist unglaublich, und es stellt sich daher auch die Annahme, dass es ein altes italisches *einom* mit echtem Diphthongen gegeben habe, als schwerlich haltbar heraus, und es wird also wohl im umbr. *eine* das *ei* als Bezeichnung eines Zwischenlautes zwischen kurzem *e* und *i* aufzufassen sein, was für das Umbrische wohl nach der sonstigen Lautbezeichnung desselben möglich scheint. Also auch von dieser Seite her, d. h. wenn man ein altes italisches *einom* mit echtem Diphthonge annehmen wollte, stösst man auf eine so erhebliche Schwierigkeit, dass die Annahme nahezu unmöglich wird und dass es auf jeden Fall geratener erscheint, wenn sich eine Erklärung bietet, bei der man eine Form *einom* nicht anzunehmen braucht, dieser den Vorzug zu geben.

Die Buchstabengruppe, welche auf *einom* folgt, ist von Dressel, Bücheler und Jordan als *dzenoine* gelesen und als „die nono" erklärt worden. Ich habe gegen die Richtigkeit dieser Deutung und weiter dann gegen die der Lesung gleichfalls sehr starke Bedenken. Zunächst das angebliche *dze* soll für *dje, die* stehen (Dressel) und den Prozess veranschaulichen, wie *dj* in *z* übergehe (Bücheler), oder aber das *z* soll eine Korrektur des *d* sein und also bloss *ze* zu lesen sein (Jordan). Beide Erklärungen haben das Gemeinsame, dass sie Assibilation eines älteren *d* annehmen. Eine solche ist nach den trefflichen Darlegungen Corssens (Ausspr. I ^{2}, 215 sqq) in der spätlateinischen Volkssprache allerdings nachweisbar, aber im älteren Latein durchaus nicht. Dressel und Bücheler berufen sich daher, um ihre Annahme zu stützen, auf osk. *zicolo*, welches die Mehrzahl der Interpreten aus *dieculus* entstanden sein lässt. Abgesehen davon, ob man, falls unsere Inschrift rein lateinisch sei, ein Recht habe, einen oskischen Lautwandel ohne weiteres auf das Lateinische zu übertragen, so steht auch nicht einmal für das Oskische selbst der betreffende Lautübergang fest, ist vielmehr mit Bestimmtheit zu verwerfen. Ich will hier nicht untersuchen, ob osk. *zicolo* überhaupt „Tag" heisse, wie es denn z. B. Mommsen in den unteritalischen Dialekten als ein Ackermass ansah, mit dem lat. *sicilicus* verglich und sich direkt gegen eine Herleitung von *dies* „oder gar *dieculus*" aussprach. Diese Annahme scheitert schon daran, dass in allen italischen Dialekten, sogar in dem ihnen unverwandten Etruskischen, anlautendes *z* nie etwas anderes ist, als eine orthographische Variante von *s*. So haben wir umbr. *zedef* (tab. Iguv. I a, 25. 33. 34), in lateinischer Schrift *serse* (tab. Iguv. VI b, 17. 22. 41), für welches Bréal die Bedeutung „*testa*" annimmt. Es würde hier zu weit führen, zu untersuchen, ob dies die richtige Bedeutung sei. Nur auf eines will ich aufmerksam machen: in der Stelle tab. VI b, 41 steht zwischen drei Sätzen mit *serse* ein anderer mit *sersitu* d. i. *sedeto*. Das deutet doch wohl mit Sicherheit darauf hin, dass wir auch in dem *serse*, *zedef* eine Ableitung der Wurzel *sed* vor uns haben, vielleicht sogar dasselbe Wort, welches in anderen Stellen der Tafeln (VI a, 2. 5. 16) in der gleichen Schreibung *serse*, *sersi* erscheint und dem lat. *sedes* entspricht. Ist aber *zedef* eine Ableitung von Wurzel *sed*, so ist auch das *z* in ihm nichts anderes, als eben eine orthographische Variante von *s*. Und genau so, wie im Umbrischen, liegt die Sache in den übrigen italischen Dialekten. So haben wir im Faliskischen *zenatuo* (Fa. no. 2441) = *senatuos* und *Zertoi* (Bullet. 1881, 151 sqq) = *Sexti*. So haben wir ferner im Etruskischen, wie ich etr. Stud. V, 18 sqq dargethan habe, stets anlautend $z = s$, darunter in Wörtern von klarer italischer Herkunft, wie *zauturi* = *Sautorius*, *Satrius*, *zalvi* = *Salvius*. So hätten wir im älteren Latein, wenn Bergks Lesung und Deutung *o Zeul* im Anfange des Salierliedes als *o Sol* richtig wären, was ich freilich bezweifle, gleichfalls *z* als blosse Variante für ursprüngliches *s*. Und so haben wir auch im Oskischen selbst das *z*, soweit es sonst noch anlautend vorkommt, als für *s* stehend. Ausser in *zicolo* findet es sich nur noch einmal als Vornamennota in *z· hártius* (Zw. no. 10). Einen mit *di* anlautenden Vornamen giebt es im Oskischen nicht, wohl aber mehrere mit *s* anlautende (Mo. unt. Dial. 241), darunter das auch bei den Marsern und anderweit erscheinende *Salrius* (IRN no. 1448), und da auch im Etruskischen gerade das den Italikern entlehnte *zalci*, dort freilich Gentilname, mit *z* begegnet, so ist mit einem hohen Grade von Wahrscheinlichkeit auch osk. *z·* als *zalciis = Salrius* zu deuten. Bei dieser Sachlage ist die Annahme, dass osk. *zicolo*, mag es immerhin „dies" bedeutet haben, aus *dieculus* entstanden sei, eine völlig willkürliche und haltlose. Ist sie das aber, dann ist die weitere Annahme, dass ein adtlat. *dze* oder *ze*, selbst wenn es dialektisch gefärbt sei, aus *die* entstanden sein könne, genau eben so willkürlich und haltlos.

Und wie um dieses *dze = die*, so ist es auch um *noine = noni* beschaffen. Auch diese Erklärung hat keinen Halt, denn der Diphthong *oi* in dieser Form ist durchaus unerklärbar. Bücheler betrachtet zwar *noine* als Kontraktion von *norine*, aber dazu ist man von verschiedenen Seiten her nicht berechtigt. Die indogermanische Grundform der Neunzahl lautet ohne Zweifel *nevm* (cf. G. Meyer, gr. Gramm. 327). Die italische Grundform der Ordinalzahl, aus älterem *nermos* hervorgegangen, war *normos*. Zeugnis für das *m* in der Endung, wie es auch die altindische, altbaktrische und altirische Form zeigen, legt das umbr. *nurime* (tab. Iguv. II a, 26) ab. Die Vokale dieser umbrischen Form dagegen sind die jüngeren der späteren Zeit, das *u* der ersten Silbe spezifisch umbrisch, das *i* der mittleren dagegen im Einklang mit entsprechenden Bildungen des späteren Lateins, wie *septimus*. Hier vertritt das *i* bekanntlich ein älteres *u* (cf. die Belege bei Co. Ausspr. I ², 332 sqq), welches seinerseits wieder aus noch älterem *o* entstanden ist (l. c. II ², 129) und dies *o* ist bei unseren Zahlordinalien ein lediglich parasitisches, durch die sogenannte Svarabhakti entstandenes. Dies beweist sowohl gr. ἔβδομος, wie die Erweichung des πτ zu βδ sich nur aus einer Grundform *septmos* erklärt (G. Meyer, gr. Gr. 327), als auch die noch erhaltenen Schreibungen lat. *decmus, decmo* (Co. l. e. I, 332), osk. *dekmanniúí* (Weihinschrift von Agnone). Hier ist also nicht etwa ein Vokal ausgefallen, sondern der spätere parasitische Vokal noch nicht entwickelt. Nach dieser Analogie ist auch lat. *nōnus* aufzufassen. Das *n* des Suffixes statt *m* hat Schleicher (Comp. ² 510) richtig als Assimilation an den Anlaut erklärt, wie wir eine ähnliche Assimilation, nur in umgekehrter Richtung wirkend, auch in *quinque* für *pinque* vorliegen sehen. Diese Assimilation aber ist nur erklärlich, wenn sie von Silbe zu Silbe wirkt, über eine Zwischensilbe hinweg nicht, wie wir denn auch thatsächlich umbr. *nurime* mit *m* finden, sie muss also stattgefunden haben, als man im Lateinischen noch *noruuos* sprach ohne den später entwickelten Vokal zwischen *r* und *m*. Damit aber ist die Form *noine* = *noni* unmöglich geworden. Denn *nornos* kann wohl *nounos, nōnus*, nicht aber *noinos* geben, wie denn in der That auch *nounus* für *nonas* noch im Jahre 5 p. Chr. wirklich sich findet (IRN no. 3095). Und dazu kommen dann noch zwei weitere Gründe, die den eben vorgeführten Hauptgrund unterstützen. Wollte man nämlich selbst die Assimilation der Silbenanlaute über eine Mittelsilbe hinweg zugeben, so würde die Form doch altlateinisch ohne jeden Zweifel, entsprechend dem *septumus* und *decumus*, als *noruumus, norumus* oder, da unsere Inschrift durchweg noch die älteren Vokale bewahrt, als *noromos, noronos* erschienen sein, nicht mit dem späten *i*. Und ferner die Form *deivos* zeigt, entgegen dem *deina, dina* der Inschrift von S. Quirico, dass unsere Inschrift ein *v* zwischen Vokalen nicht ausstösst. Diese beiden Gründe zusammengefasst, ergiebt sich also, dass es statt *noine* in unserer Inschrift vielmehr *norone* heissen würde, wenn man eben den parasitischen Vokal schon als entwickelt ansehen wollte, was ich selbst aber, wie gesagt, für falsch halte. Dieses Ergebnis wird auch nicht angefochten durch die Formen *nōn* neben *noinum, coraverunt* neben *coira-*, fal. *loferta* neben lat. *loeber-*, welche Bücheler (238) als Analogieen für sein *nōuus* aus *noinos* aufführt. Dass im Lateinischen vereinzelt ein älteres *oi* im Wortstamme auch in *o* statt des gewöhnlicheren *u* übergegangen sei, wird ja niemand bestreiten, wohl aber bestreite ich, dass in der altlateinischen Form für *nouus* jemals ein *oi* vorhanden gewesen sei.

Es ergiebt sich somit die Deutung von *dzenoine* = *die noni* als unhaltbar. Und darauf hin hat denn auch Bréal die Lesung *duenoi ne* vorgeschlagen, indem er den zweiten Buchstaben nicht als ein *z*, sondern als ein *u* auffasst. Der Buchstabe ist ursprünglich ausgelassen und dann nachträglich zwischen *d* und *e* eingezwängt. Dadurch hat er eine etwas missratene Form erhalten, die die Deutung zweifelhaft macht. Am ähnlichsten sieht er einem *l*, natürlich dem spitzwinkligen, sodann einem *u* mit des mangelnden Raumes halber verkürztem linken Schenkel (ähnlich ist das *c* in *cois*), am wenigsten einem *z*, denn der obere Haken ist so winzig, dass man ihn getrost für zufällig entstanden beim An- oder Absetzen des Stilus ansehen darf. Diese Annahme ist nicht kühn. Zufällige Striche zeigt unsere Inschrift auch sonst in ziemlicher Anzahl. So hat das zweite *e* von *feked* statt dreier Seitenstriche deren vier, der unterste ist zufällig. Das *ka* von *pakari* hat gleichfalls am unteren Ende einen überflüssigen wagerechten Seitenstrich. Das *s* von *duenos* hat am oberen Ende einen solchen nach rechts hin. Und ebenso zeigt auch das *l* von *malo* oben nach links hin einen wagerechten Seitenstrich. Das *i* von *einom* hat einen zufälligen senkrechten Fortsatz unten, der sich bis durch die ganze untere Zeile hindurch erstreckt. Ob alle diese unmotivierten Striche von einem Abgleiten des Stilus auf dem schlüpfrigen Material herrühren, wie es bei dem *s* von *duenos* und dem *i* von *einom* sehr deutlich hervortritt, oder ob auch Versehen des Toreuten vorliegen, wie ich es für das *l* in *malo* annehme (cf. weiter unten), das wird sich im einzelnen vielleicht nicht entscheiden lassen und ist hier auch irrelevant. Für unsern Zweck genügt es, zu konstatieren, dass wir bei fünf Buchstaben der Inschrift, das *n* unseres *duenoi* natürlich nicht mitgerechnet, unmotivierte Striche finden, zumeist längere Querstriche. Das giebt uns die Berechtigung, auch den oberen ohnehin nur ganz kleinen Querstrich an unserm abnorm gebildeten angeblichen *z* für einen unmotivierten zu halten und somit *duenoi* statt *dzenoi* zu lesen. Es ist daher die Lesung Bréals als *duenoi ne* für eine sehr glückliche zu halten, umsomehr als sie auch durch das gleich folgende *malo* gerechtfertigt wird.

Auf unser *duenoi ne* folgt nämlich zunächst ein sicher abzutrennendes *med* und dann eine Form, in welcher sich der Verfertiger der Inschrift wieder einmal verschrieben hat. Dieses Wort haben Dressel, Bücheler und Jordan als *mano* gelesen, Bréal hingegen als *malo*. Nach den Zeichnungen sieht der fragliche Buchstabe einem sehr schräg liegenden *a* am ähnlichsten, demnächst einem *l*, bei dem der Schreiber zuerst den spitzen Winkel oben ansetzte, eine Verschreibung, die auch in den etruskischen Inschriften ziemlich oft begegnet, und ihn dann nachträglich auch noch unten beifügte. Mit einem *n* hat der Buchstabe überhaupt keine Ähnlichkeit. Bréals Lesung ist also auch hier eine sehr glückliche, und wir erhalten dadurch, worauf ich schon in der Philologischen Rundschau neulich hingewiesen, auch in dieser dritten Inschrift die Antithese *duenoi* (= *bono*) und *malo*, wie wir in der ersten das *ted* und *med*, in der zweiten das *nois* und *rois* in Antithese haben.

Das letzte Wort der dritten Inschrift *statod* ist völlig klar und sicher, sowohl in Bezug auf die Lesung, wie Deutung dieser Form. Die letztere anlangend, so kann es nicht bezweifelt werden, dass *stare* in den italischen Dialekten und übereinstimmend damit auch im älteren Latein neben der intransitiven Bedeutung „stehen" auch „stellen" bedeutet habe. Jordan (Herm. 237. 248) verhält sich zwar dem gegenüber etwas skeptisch, aber doch mit Unrecht. Freilich, dass Bücheler mit seinem *sta berber* als „siste flagellum" nicht

das Rechte getroffen habe, darin stimme ich Jordan völlig
bei, aber es giebt doch eine Anzahl anderer sicherer Belege
für altes *stare* als „stellen". Gegen das von Bücheler (240)
angezogene umbr. *restatu* „restituito" lässt sich doch mit Grund
nichts einwenden, und auch lat. *praesto*, so wie *status dies*
führt er mit Recht als Parallelen an. Aber die Beweise für
transitives *stare* sind noch zahlreicher. Zunächst will ich
auf die Möglichkeit hinweisen, dass in der umbrischen Inschrift bei AK. II, 390 das *sacre stahu* nicht „sacrum sto",
sondern „sacrum sisto" heisse. Es ist ja allerdings, was die
bisherige Annahme ist, möglich, dass der Stein rede, aber
es ist auch möglich, dass der Käufer des Ackers spreche und
als Objekt zu *stahu* aus dem vorhergehenden *termnas* ein
termno zu ergänzen ist, so dass dann also *sacre* nicht Neutrum, sondern männlicher Akkusativ ist, genau wie das *sakre*
auf tab. Igvv. II a, 6. Dann würde also *(termno) sacre stahu*
heissen „(terminum) sacrum sisto (oder statuo)." Ich be-
haupte natürlich nicht, dass diese Erklärung notwendig sei,
denn möglich ist auch die bisherige, aber die Ausdrucksweise römischer Inschriften scheint sie an die Hand zu geben.
Man vergleiche folgende Wendungen: *terminos restituendos
curavit* (Wilmanns, EIL. I, no. 814), *terminos restituerunt*
(ibid. no. 850), *lapides constitui jusserunt* (ibid. no. 857), *terminos restituendos coeravit qua . . . statuerant* (ibid. no. 861),
terminos statui jousit (ibid. no. 865), *terminos statui jusit*
(ibid. no. 866). Oskische Beispiele für transitives *stare* fehlen
zwar in den uns erhaltenen Inschriften, dass aber auch das
Oskische dereinst das *stare* in der Bedeutung „stellen" ge-
kannt habe, zeigen eine Anzahl etruskischer Inschriften auf
campanischen Gefässen, welche ich etr. Stud. III, no. 184 bis
188 behandelt habe. Ich habe dort gezeigt, dass in den
genannten Inschriften sich eine Form *sta* findet, welche als
Dedikationsformel auftritt und somit als „sistit, statuit" zu
übersetzen ist. Diese Form findet sich nur in campanisch-
etruskischen Inschriften, denn auch Fa. no. 2261 ist zwar bei
Ischia am Mignone gefunden, dorthin aber zweifelsohne ver-

schleppt und gleichfalls campanischen Ursprunges. Das beweist nicht bloss der ganze Typus der Inschrift, sondern speziell noch die oskisierende Schreibung des Eigennamens *kaiśieś*, der rein etruskisch *ceisies* geschrieben sein würde. Diese örtliche Begrenztheit des *sta* an Stelle der sonstigen etruskischen Dedikationsformel *turce* „dedit" weist auf Entlehnung aus dem Oskischen hin und erweist somit das einstige Vorhandensein eines *stare* „stellen" auch im Oskischen. Es wird sich also ein *stare* „stellen" auch für das ältere Latein nicht bezweifeln lassen.

Fassen wir nun zusammen, so hat sich also von den Resultaten der bisherigen Behandlungen unserer Inschrift nur das folgende als haltbar herausgestellt:

I. *[ioveisat] deivos qoi med mitat nei ted endo cosmis virco sied* (oder *cosmis vir cosied*)

II. *asted nois [iopetoitesiai] pakari vois*

III. *duenos med feked en manom* (oder *enmanom*) *[einom] duenoi ne med malo statod.*

Das in eckige Klammern Eingeschlossene hingegen ist das, was durch die bisherigen Untersuchungen noch nicht aufgehellt ist.

Bevor ich weitergehe, ist nun zuerst die Frage zu beantworten, ob irgend ein Anhalt dafür vorliege, dass die Inschrift auf ein Totenopfer sich beziehe. Denn von der Beantwortung dieser Vorfrage hängt es ab, in welcher Richtung man bezüglich der noch dunklen Teile der Inschrift zu suchen habe.

Nun hat mit Recht schon Jordan darauf hingewiesen, dass der einzige Beweis für die Beziehung unseres Gefässes zum Totenkult in dem *zenoine = die noni* liege. Aber durch die obige Untersuchung hat sich gerade dies *zenoine* als durchaus unhaltbar herausgestellt, und ebenso hat sich auch ergeben, dass von dem Saturnus und der Ops, in denen man sonst die Beziehung zum Totenkult könnte finden wollen, gleichfalls nicht die Rede ist. Auch das *manom* beweist eine solche nicht, denn in diesem Worte liegt an sich, wie der

cerus manus, das *mane* und auch *immanis* darthun, eine
Beziehung auf das Totenreich nicht, das Wort ist vielmehr
in älterer Zeit von weiterer Bedeutung und lediglich ein
Synonymum von *bonus*, wobei allerdings ja eine Nüance der
Bedeutung nicht bloss möglich, sondern wahrscheinlich ist.
Ebenso wenig liegt eine solche Beziehung in dem Satze
nei ted endo cosmis virco sied, selbst wenn er einen einzigen
Satz bildete. Dass Frauen von manchen Opfern ausgeschlossen
waren, ergiebt sich ja sicher aus den von Jordan (vind. 6)
angeführten Stellen aus Festus und Cato, und hätte es dazu
der Parallele aus dem Çatapatha-Brāhmaṇa (ibid. 8) nicht erst
bedurft, aber zunächst wissen wir nicht, ob das nun gerade
beim Totenkult der Fall hätte sein sollen. Es ist mir recht
unwahrscheinlich, dass gerade der Totenkult die Frauen hätte
ausgeschlossen haben sollen. Festus sagt nur „in quibusdam
sacris", Cato spricht von einem dem Mars silvanus gebrachten
Opfer. Bei einem Opfer des Mars versteht man ja den Aus-
schluss der Frauen leicht, weshalb sie aber von Kulthandlungen
zu Ehren ihrer verstorbenen Verwandten hätten ausgeschlossen
sein sollen, das würde doch schwer verständlich sein. Und
sodann ist doch auch die sprachliche Form des obigen Satzes
einer solchen Deutung wenig günstig, denn das *cosmis* ist
entschieden störend trotz der an sich entsprechenden Deutung, die ihm Jordan (vind. 8) giebt. Wenn der Satz lautete:
nei virco endo sied, dann würde er eine ziemlich gute Parallele zu dem *hostis cinctus mulier virgo exesto* des Festus
und dem *mulier ad eam rem divinam ne adsit* des Cato
bilden, so aber, wie er in Wirklichkeit lautet, vermag ich in
ihm nur ein zufälliges Anklingen einzelner Wörter an jene
Formeln, aber keine wirkliche sachliche Parallele zu sehen,
keinesfalls aber lässt sich aus ihm eine Beziehung unserer
Inschrift zum Totenkult irgendwie begründen. Es liegt also
in den bis jetzt sicher entzifferten Teilen der Inschrift durchaus
nichts vor, was auf diese Beziehung hinwiese.

Auch aus dem angeblichen saturnischen Mass unserer
Inschrift kann eine solche nicht gefolgert werden. Wären es

selbst Saturnier, so könnte daraus allenfalls die Vermutung
gewagt werden, dass es sich um sakrale Poesie überhaupt
handle, aber eine Beziehung gerade zum Totenkult würde
sich daraus doch nicht herleiten lassen. Aber ich bestreite
überhaupt, dass Saturnier vorliegen. Es will mir scheinen,
als ob eine gewisse allzugrosse Neigung vorhanden sei, in
jedem älteren Denkmale der italischen Dialekte Saturnier anzunehmen, wie denn z. B. auch die ganz klärlich an den
beiden Seitenrändern verstümmelte sogenannte Censorinschrift
von Bovianum (Zw. no. 17) mit ihren unmöglichen Formen
líis'd, sak upam u. s. w. in das saturnische Schema ein-
zupassen versucht worden ist. In unserer Inschrift nun scheitert
die saturnische Messung an folgenden Umständen. Zunächst
ist das *pakari rois*, wie Bücheler (244) selbst zugiebt, überhaupt nicht metrisch unterzubringen, man müsste denn mit
Ring das *rois* zweisilbig messen wollen, was aber doch auch
Bücheler selbst für unmöglich hält. Weiter aber giebt auch,
wie gleichfalls Bücheler selbst zugesteht, der Satz *duenos med
feked en manom* keinen saturnischen Vers ab, man mag ihn
drehen und wenden, wie man will. Diesem Übelstande hat
Bücheler dadurch abzuhelfen gesucht, dass er annimmt, unsere Inschrift sei nach einer älteren Vorlage geschrieben,
welche an Stelle des Duenos einen anderen in den Saturnier
passenden Namen enthalten habe, und diese Annahme stützt
er dadurch, dass das *duenos* besonders klein geschrieben und
erst nachträglich hinzugesetzt sei (244 und 235). Dass das
duenos dem folgenden *med* gegenüber kleinere Buchstaben
zeigt, ist richtig, aber ich glaube nicht, dass man Büchelers
Folgerung daraus ziehen darf. Die Grösse der Buchstaben
ist in unserer Inschrift überhaupt eine sehr verschiedene.
Auch zu Anfang der ersten Zeile ist das *io* dem folgenden *r*
gegenüber nicht unerheblich kleiner, ebenso ist das *nom* von
manom sehr viel kleiner, als das des gleich folgenden *einom*,
ebenso setzt das auf *qoi* folgende *med* mit grösseren Buchstaben ein, und so noch in manchen anderen Fällen. Diese
ganze Differenz der Buchstaben erscheint mir rein zufällig.

allenfalls sieht es so aus, als ob der Verfertiger in mehreren
Fällen, wenn er ein neues Wort anfing, besonders grosse
Buchstaben gemacht habe. Liegt aber kein Anhalt vor zu
der Annahme, das *duenos* sei späterer Zusatz, so ist auch
der betreffende Satz kein Saturnier, und ist er es nicht, so
ist auch die ganze Inschrift nicht in Saturniern abgefasst,
was übrigens auch Bücheler nur sehr vorsichtig behauptet.
Ist aber die Inschrift nicht saturnisch, dann ist auch ihre
Beziehung zu irgend einer sakralen Handlung überhaupt wenig
wahrscheinlich.

Und ebensowenig wie die sprachlichen Indicien, weisen
Form oder Fundstätte des Gefässes auf eine Beziehung zum
Totenkult hin. Dass ein Gefäss, wie das vorliegende, ebensogut
dem häuslichen Gebrauche habe dienen können, wie
Kultzwecken, ist selbstverständlich. Und dass an der Fundstätte
Gräber nicht gewesen sein können, darauf hat Jordan
(Herm. 238) schon hingewiesen, und das dürfen wir dem
genauen Kenner der Topographie Roms wohl aufs Wort
glauben.

Es liegt also durchaus nichts vor, was für unser Gefäss
und seine Inschrift irgend eine Beziehung zum Totenkult notwendig
oder auch nur wahrscheinlich machte, und wir haben
bezüglich der positiven Vorschläge zur Lesung und Deutung
der noch dunklen Teile der Inschrift völlig freie Hand.

Dies vorausgeschickt, gebe ich nun meine eigene Lesung
und Worttrennung, wie folgt:

I. *io, reisat deivos, qoi med mitat! nei ted endo — cosmis
rivco sied!*

II. *asted nois, io, peto! ites ja, i pakari cois!*

III. *duenos med feked en manom; ei nom, duenoi, ne med
malo statod.*

Die erste Inschrift beginnt also nach meiner Lesung mit
dem Satze: *io, reisat deivos* „io, visat (videat) deus." Was
zunächst das *io* zu Anfang des Satzes anlangt, so wiederholt
sich dasselbe in der zweiten Inschrift in dem Satze *io, peto*.
Auch dort wird, wie wir unten sehen werden, ein Gott an-

gerufen, und der Gebrauch von Interjektionen bei Anrufungen der Gottheiten im Altertum ist ja bekannt genug. Es genügt, an das εὐοῖ Βάκχε, io Bacche zu erinnern, wo wir in letzterem gerade unser *io* wiederfinden. Und so liest denn Jordan (krit. Beitr. 203) auch am Anfange des Arvalliedes mit Recht: *e, nos, Lases, jucate*, da eine Pronominalform *enos* statt *nos* keine Gewähr hat.

Bei der Lesung *veisat* erklärt es sich aufs trefflichste, dass der Schreiber zuerst *veset* schrieb. Weiter unten werden wir sehen, dass unsere Inschrift zwischen diphthongischer und einlautiger Schreibung schwankt. So auch hier. Der Verfasser schrieb zuerst *ves-*, änderte dann aber in das vollere *veis-*. Bekanntlich sind das Futurum I auf *-am* und der präsentische Konjunktiv auf *-am* (resp. *-em*) ihrem Ursprunge nach identisch und erst später differenziert, was man ja auch an ihrer syntaktischen Verwendung noch oft genug sehen kann. Dies Verhältnis erklärt es, dass der Schreiber schwanken konnte und die Endung zuerst mit *e* schrieb, dies dann aber in *a* besserte.

Heisst nun aber der erste Teil unseres Satzes *io, veisat deivos* „he, ein Gott möge sehen", so ist auch der folgende indirekte Fragesatz in Konstruktion und Deutung sofort völlig klar, denn *qoi med mitat* kann dann nichts anderes heissen als „cui me mittat", so dass damit also das *qoi* als Dativ sich ergiebt, was schon oben aus der Form selbst als wahrscheinlicher sich herausstellte, als ein immerhin problematischer Nominativ *qoi* für *quei, qui*.

Aus der dritten Inschrift entnehmen wir durch das *med feked* mit Sicherheit, dass in der Inschrift das Gefäss selber als redend eingeführt wird. Dass dies in unserem vorliegenden ersten Satze anders sei, wird man ohne zwingenden Grund nicht annehmen dürfen. Wir werden also auch hier das *med* des Satzes *io, reisat deivos, qoi med mitat* auf das redende Gefäss beziehen müssen.

Fraglich bleibt bei meiner Deutung zunächst nur, wer das Subjekt des *mitat* sei, der *deivos* selbst oder der Verfertiger des Topfes, was an sich beides möglich. Denn in der dritten Inschrift spricht in dem *med feked* der Topf von seinem Verfertiger in der dritten Person. Bezüglich des Aufschlusses über dieses fragliche Subjekt zu *mitat* müssen wir uns nun an die folgenden Worte wenden. Es folgt zunächst das *nei ted endo*. Auf die Unzulässigkeit, hier das *endo* als Präposition zu fassen, von der *ted* abhänge, habe ich schon oben (pag. 15) hingewiesen, und es bleibt somit nur übrig, das *endo* als Adverb aufzufassen. Ist das aber der Fall, so kann *ted* nur Objektsakkusativ sein und es kann, wie jeder selbst sieht, weder *ted* noch *endo* mit dem folgenden Verbum *sied* oder *cosied* verbunden werden. Es ist vielmehr zu *ted* und *endo* ein Verb zu ergänzen, und dies kann schwerlich ein anderes sein, als das eben vorhergehende *mitat*. Dann lautet also der nächste Satz *nei ted endo (mitat)* „ne te intro mittat", genau entsprechend dem Satze *ne alium intro mitat* in der Sentenz der Minucier (CIL. I, no. 199, Z. 31), nur dass in unserer Inschrift statt des *intro* das ältere *endo* steht, und zwar auf die Frage Wohin?, wie in dem *indugredior* des Lucrez (I, 82). Wenn das Gefäss sagt: „videat deus, cui me mittat" und darauf ein Satz folgt: „ne te intro mittat", so ist das natürlich eine Antwort auf den ersten Satz, und hier spricht also nicht das Gefäss, sondern wer anders, und das kann schwerlich ein anderer sein, als der Verfertiger des Gefässes. Ist das aber, dann ergiebt sich jetzt als Subjekt des zweimaligen *mitat* der *deivos*.

Nun erhebt sich aber die Frage, wer denn *endo* „da drinnen" sei und warum der Gott das Gefäss nicht dort hineingelangen lassen solle? Die Antwort giebt der nun folgende Satz. Oben (pag. 17) hat sich ergeben, dass man an und für sich gleich gut sowohl *cosmis vir cosied*, wie *cosmis virco sied* lesen könne. Nach dem vorhergehenden Satze scheint mir jetzt nur noch das letztere möglich, denn man wird diesen Satz doch kaum anders verstehen können, als: *cosmis virco sied*, (sc. *qoi ted mitat*) „comis virgo sit, cui te mittat." Es spricht also noch der Verfertiger des Gefässes, und wir haben in diesem Satze nunmehr den Grund, weshalb der Gott das Gefäss nicht „dahinein" gelangen lassen solle. Da drinnen ist nämlich, wie die Voranstellung des *cosmis* deutlich zeigt, eine virgo non comis. Und gegen wen sie non comis ist oder gewesen ist, das zeigt uns das *pakari cois* der zweiten Inschrift, welches von der Versöhnung spricht. Es ist völlig klar, der Verfertiger des Gefässes und sein Mädchen „da drinnen" haben sich veruneint.

Die zweite Inschrift beginnt nun mit *asted*. Oben (pag. 18) blieb es noch zweifelhaft, ob man dies *asted* als Verbalform = *adstet*, oder als Partikel = *ast* nehmen solle (Bréals *ast ted* stellte sich schon dort als wenig wahrscheinlich heraus), jetzt erscheint im Zusammenhange die Sache nicht mehr zweifelhaft. Das *asted nois, io, peto* bedeutet „adstet nobis, io, peto" „er stehe uns bei, he, darum bitte ich." Wer soll beistehen? und wem? Klärlich der *deivos*, der auch das Subjekt des ersten Satzes war. Und seine Hülfe wird natürlich begehrt, um die heikle Angelegenheit, die für Menschen allein zu schwierig ist, wieder ins Gleiche zu bringen. Ob der Verfertiger oder das Gefäss spreche, ist noch nicht zu sehen, und daher auch noch nicht genau zu sagen, wer mit dem *nois* gemeint sei. Spricht das Gefäss, so ist mit dem *nois* dass Gefäss selbst und sein Verfertiger, mit dem es ja spricht, gemeint, spricht dagegen der letztere, so kann er auch sich und seinen Schatz meinen. Befragen wir also den folgenden Satz!

Das *ites ja/m/* „gehe nun" giebt noch keinen Aufschluss, denn dies kann sowohl das Gefäss zu dem Verfertiger sagen, wie umgekehrt, wohl aber das weitere *i, pakari cois* „gehe und versöhnt euch." Diese Worte geben wegen des *cois* nur noch die Möglichkeit, dass der Topf spreche. Ihm werden also auch die vorhergehenden Worte zuzuteilen sein, und die ganze zweite Inschrift heisst nun also: „er (sc. der Gott) stehe uns (sc. mir und dir) bei (sc. bei dem, was wir vorhaben); gehe nun, gehe und versöhnt euch."

Von diesem *ites ja, i pakari rois*, ist noch einzelnes zu rechtfertigen. Das *ja* für *jam*, insbesondere vor folgendem Vokal, bedarf wohl einer besonderen Rechtfertigung nicht angesichts der Verzeichnisse im CIL. I. 607 und bei Corssen Ausspr. I ², 267 sqq. Statt *i* könnte man *ei* erwarten wollen, wie es ja in der dritten Inschrift wirklich sich findet, aber schon oben (pag. 43) ist darauf hingewiesen, dass unsere Inschrift zwischen diphthongischer und einlautiger Schreibung schwankt. Es hat also auch die Schreibung *i* für *ei* nichts Bedenkliches, zumal da wohl das vorhergehende *ja* den Anlass dazu gab, sofern der Schreiber entweder die Vokalhäufung eines *jaei* vermeiden wollte oder aber eine wirkliche Verschleifung der Vokale auch in der Aussprache stattfand. Von diesem *i* hängt nun der Infinitiv *pakari* ab, wörtlich ist die Konstruktion also: „geh versöhnt zu werden euch", d. h. „geh, damit ihr euch versöhnt werdet." Für gewöhnlich hat *ire* in dieser Bedeutung ja allerdings das Supinum, und man würde *i pacatum* erwarten, aber der finale Infinitiv nach Verben der Bewegung ist doch auch sicher belegt, und zwar gerade in der vorklassischen Zeit, wofür ich auf Draeger. hist. Synt. II ¹. 354 und die dort gegebenen Beispiele verweise. Demnach hat also auch *i pakari* absolut nichts Bedenkliches. Und was nun den Dativ *rois* anlangt, so haben wir diese Konstruktion von *pacari* erwiesen durch das *huic poteritne esse pacatus Antonius?* bei Cic. Phil. 7, 8, 24. Damit ist also die Konstruktion des *i pakari rois* in allen ihren Teilen gerechtfertigt.

In dem ersten Teile der dritten Inschrift *duenos med feked* ist zunächst das *duenos* zweifelhaft. In diesem *duenos* nämlich haben alle bisherigen Ausleger, wie schon oben (pag. 24) bemerkt, auch Bréal noch, *duenos* als den Namen des Verfertigers aufgefasst, nur Ring setzt es gleich *bonus*, dies die einzige haltbare Stelle in seiner ganzen Deutung. Auch mir nämlich erscheint die Auffassung dieses *duenos* als eines Namens nicht möglich. Denn *ne med malo statod* steht der Dativ *duenoi* doch zu deutlich gegenüber, als dass man anders übersetzen könnte, als „bono, ne me malo sistito."

Ist aber dieser Dativ *duenoi* kein Name, dann wird auch schwerlich der in demselben Satze vorkommende Nominativ *duenos* ein solcher sein können, man müsste denn etwa annehmen wollen, dass der Schreiber mit seinem Namen ein Wortspiel habe machen wollen. Sollte aber gar Bücheler recht haben, dass dies *duenos* erst spätere Zuthat sei, was freilich, wie wir oben (pag. 39) sahen, eine zwingende Annahme nicht ist, so ist es erst recht kein Name. Denn dann stand zuerst bloss da: *med feked en manom, ei nom, duenoi, ne med malo statod* „er (sc. der Verfertiger) hat mich zu einem guten Zweck gemacht, geh nun, einem Guten, nicht einem Bösen sollst du mich hinstellen" und erst durch den Dativ *duenoi* veranlasst, fügte er nachträglich noch als Subjekt zu *feked* das *duenos* hinzu, welches bei dieser Sachlage selbstverständlich kein Name sein kann.

Oben (pag. 24) blieb es noch zweifelhaft, ob man *en manom* „in manum" oder *enmanom* „inmanum (= inmanem oder inmane)" zu lesen habe. Wie meine soeben gegebene Übersetzung zeigt, habe ich mich jetzt für das erstere entschieden. Ich glaube nämlich, dass wir hier in dem *en manom* eine Parallele des späteren *in bonum vertere* „zum Guten ausschlagen" vor uns haben, so dass also Jordan (237) darin recht hat, dass *manom* hier das Neutrum sei, nur dass es sich nicht, wie schon oben (pag. 37 sq) erörtert, auf den Totenkult bezieht. Der Satz *duenos med feked en manom* heisst also „bonus me fecit in bonum" oder umschrieben „bonus me fecit, ut res in bonum vertat", d. h. er hat also dieses Töpfchen gemacht, weil er dasselbe zu Zwecken der Versöhnung gebrauchen will, und nennt sich schalkhaft einen bonus im Gegensatz gegen seine virgo non comis, die ihm eine mala ist. Und diesen Gegensatz markiert nun auch der Schlusssatz *ei nom, duenoi, ne med malo statod* „i nunc, bono, ne me malo sistito — gehe nun, einem Guten, nicht einem Bösen sollst du mich hinstellen", wobei ich also statt *einom* vielmehr *ei nom* lese und in *nom* eine alte Form für *nunc* sehe, was angesichts von *tum* und *tunc*, *etiamnum* und *etiamnunc* natürlich völlig zulässig ist. Der Verfertiger wird von dem Töpfchen in zweiter Person angeredet, wie in dem *ites ja, i pakari cois* der zweiten Inschrift. Sie „dadrinnen" also soll das Töpfchen haben, um sich wieder mit dem Verfertiger zu versöhnen. Dann ist sie auch eine bona, nicht mehr eine mala. Aber das Töpfchen ist galant. Es sagt nicht in direkter Beziehung auf die „dadrinnen" *ei nom, duenai, ne med malai statod*, sondern es wendet das allgemeinere Maskulinum an. Die Bewusste wird es auch wohl so verstehen. Damit sind wir am Ende.

Fassen wir nun das Resultat unserer Untersuchung zusammen, so ergiebt sich also für unseren Text:

I. *io, reisat deivos, qoi med mitat! nei ted endo — cosmis virco sied.*
II. *asted nois, io, peto! ites ja, i pakari cois!*
III. *duenos med feked en manom; ei nom, duenoi, ne med malo statod!*

die folgende Übersetzung:

I. „io, videat deus, cui me mittat!" „„ne te intro (mittat); comis virgo sit, (cui te mittat)!""
II. „adstet nobis (deus), io, peto! eas jam, i pacatum vobis!"
III. „bonus me fecit in bonum; i nunc, bono, ne me malo sistito!"

I. „He, es sehe ein Gott zu, wem er mich schicke." „„Nicht sende er dich dahinein; eine freundliche Jungfrau sei es (sc. der er dich sende).""
II. „Er (sc. der Gott) stehe uns bei, he, ich bitte! geh nun, geh, dass ihr euch versöhnt werdet!"
III. „Ein guter (Mensch) hat mich gemacht zu einem guten Zweck; geh nun, einem Guten, nicht einem Bösen sollst du mich hinstellen."

Anstatt der feierlich in Saturniern einherschreitenden sakralen Formel des Totenkultes entpuppt sich unsere Inschrift also als eine reizende Schelmerei eines Verliebten.

Man könnte Anstoss nehmen wollen an der Kürze des Ausdrucks, wie sie bei meiner obigen Deutung angenommen werden müsste. Aber, wenn eben diese meine Deutung richtig ist, so liegt doch sicher die Umgangssprache des gewöhnlichen Lebens vor. Wie diese in der älteren Zeit beschaffen war, das zeigt uns am besten der Dialog beim Plautus. Und mit der Plautinischen Ausdrucksweise gerade zeigt unser obiger Text, wie jeder Kundige sofort gesehen haben wird, eine geradezu überraschende Ähnlichkeit, sowohl was den Gebrauch der einzelnen Wörter, wie auch die Konstruktionen anlangt. Trotz dieser augenfälligen Ähnlichkeit glaube ich aber doch die hauptsächlichsten Parallelen hier aufführen zu sollen zum Zwecke der Verstärkung des Beweises.

Zunächst ist das *risere* statt *ridere* gerade bei Plautus sehr häufig und mehrfach, wie in unserer Inschrift, mit folgendem Fragesatz konstruiert. So haben wir z. B. *risunt quid agam* (mil. gl. 708); *ego quid mi velles risebam* (Stich. 328). Die Trennung des dem *endo* unserer Inschrift entsprechenden *intro* von seinem Verb ist gleichfalls sehr häufig. Beispiele sind *intro ego hinc eo* (Amph. 1039); *eo ego igitur intro* (trin. 818). Ja einmal ist, genau wie bei dem *endo* unserer Inschrift, das Verb aus dem vorhergehenden Satze zu ergänzen, wenigstens nach Fleckeisens auch mir wahrscheinlicher Interpunktion. Die fragliche Stelle ist: De. *abi in crucem*. Ph. *immo potius intro: sequere hac, mi anime.* Arg. *ego vero sequor* (asin. 941). Dafür, dass *comis* auch von dem Verhalten der Liebesleute zu einander gesagt wurde, braucht es wohl keines Beweises. Das Verbum *asto* mit dem Dativ verbunden gebraucht Plautus gerade von der Beihülfe in der Liebe in der Stelle *amanti supparasitor, hortor, asto* (Amph. 993). Dass *peto* gerade dann gebraucht wird, wenn man jemandes Beistand anruft, ist so bekannt, dass es besonderer Belege nicht bedarf. Das frequentative oder intensive *itare*, von so ausserordentlich seltenem Gebrauche überhaupt, findet sich gerade beim Plautus in der Stelle *ad legionem cum itant* (most. 1. 2, 48). Das *jam* bei Verben der Bewegung ist zwar nichts Besonderes, aber dass auch Plautus, neben *modo* und *nunc*, es so verwende, zeigen Stellen, wie *secede jam* (capt. 218); *jam tu sequere me* (capt. 449). Der Imperativ *i* ist in Aufforderungen bei Plautus ausserordentlich häufig, wie z. B. in folgenden Stellen *i, rise, si lubet* (rud. 567), wo auch wieder das *risere* zu beachten: *i, puere, pulta atque atriensem Lauream, sist intus, erocato huc* (asin. 382 sq); *i, rise, estne ibi* (Bacch. 901), wo wir wieder die Verbindung mit *risere* haben; *cape hoc tibi aurum, Chrusale: i, fer filio* (Bacch. 1059). Von der Versöhnung zweier Menschen braucht Plautus das Wort *pax* z. B. in den Stellen *jam pax est [facta] vos inter duos?* (Amph 957); *facta pax est* (Amph. 965). Dass natürlich auch das abgeleitete Verbum diese Bedeutung haben könne, versteht sich von selbst. Zu dem *ei nom „i nunc"* vergleichen sich Stellen, wie *nunc domum ibo* (Amph. 1015); *nunc tu sequere* (capt. 514); *secede huc nunc* (capt. 228), also dieselben Verba, die wir oben auch mit *jam* verbunden fanden. genau wie in unserer Inschrift neben dem *i ja/m/* des zweiten Teiles das *ei nom* des dritten steht. Was aber die Häufung der Imperativformen betrifft, wie sie in *ites ja/m/, i* und in *ei nom, — — statod* sich zeigt, so ist gerade auch diese plautinisch. So haben wir z. B. *dice, monstra, praecipe* (capt. 359): *fugite omnes, abite et de ria secedite* (Curc. 281), welche den *ites ja/m/, i* entsprechen, während dem *ei nom, — — statod* Fälle analog sind, wie die soeben schon angeführten *i, rise; i, pulta; i, fer* u. a. Und wie in *ites ja/m/, i* ein Konjunktiv und ein Imperativ mit einander verbunden sind, so haben wir das Gleiche, nur in umgekehrter Folge, in *ignosce, irata ne sies* (Amph. 924). Die Verbindung der beiden verschiedenartigen Imperativformen, wie in *ei* und *statod*, haben wir in Fällen, wie oben *i, puere, pulta atque atriensem Lauream — erocato* (asin. 382 sq), und noch genauer entsprechend *i tu, Thessala, intus pateram proferto foras* (Amph. 770). Und genau so, wie der Verfertiger unserer Inschrift mit dem *duenos — manom — duenoi — malo* spielt, thut Plautus ganz dasselbe in *bonus bene ut malos descripsit mores* (mil. gl. 763); *malus bonum malum esse volt* (trin. 284), und dem Satzbau endlich in *duenoi, ne med malo statod* entsprechen aufs genaueste Plautusstellen, wie *in foro operam amicis da, ne in lecto amicae* (trin. 651).

Man sieht, die Diktion, wie sie nach meiner Erklärung in unserer Inschrift vorliegt, entspricht Zug für Zug der des Plautus. Es sind ja im Grunde bekannte und elementare Dinge, die in den eben aufgeführten Plautusstellen sich finden, aber es schien mir trotzdem zweckmässig, meine Deutung auch von dieser Seite her durch wörtliche Aufführung der Parallelen zu stützen.

Und was nun das Genre und den Gesamtcharakter unserer Inschrift anlangt, so hat uns auch hierzu ein glücklicher Zufall eine schlagende Parallele aufbewahrt, ich meine das pompejanische Gefäss CIL. IV. no. 2776 mit der Inschrift *praesta mi sincerum, sic te amet que custodit ortu Venus (ortu = hortum)*. Letztere ist graphio scriptum, argilla nondum cocta, genau wie die Inschrift unseres kleinen Gefässes, in beiden Inschriften spricht das Gefäss selber, und dem *sic te amet Venus* entsprechen unzählige plautinische gleichfalls mit *sic te amet* anfangende Wendungen. Diese pompejanische Inschrift ist allerdings wegen der Verschiedenheit von Ort und Zeit ihrer Abfassung nicht absolut beweisend, dass die unsere so gedeutet werden müsse, wie von mir geschehen, aber sie ist immerhin eine treffliche Parallele zu derselben und zeigt wenigstens das mit Sicherheit, dass das Altertum Gefässinschriften des Genres kannte, wie ich es für unsere Inschrift annehme.

Es erübrigt jetzt nur noch, die beiden Fragen zu beantworten, welche Mundart der Schreiber unserer Inschrift gesprochen, und wann er gelebt habe.

Jene ist zuerst von Jordan aufgeworfen und von ihm dahin beantwortet worden, dass die Inschrift nicht rein lateinisch sei, sondern beeinflusst durch den heimatlichen Dialekt des Schreibers, eine der Mundarten, welche in den Berggegenden östlich von Rom gesprochen wurden. Dieses Resultat gewinnt Jordan aus der Linksläufigkeit der Schrift, dem mehrfachen *oi* für *ei*, den Sprachformen *einom, cosmis*,

Toitesia. Alle diese Kriterien sind, wenn wir von der linksläufigen Schrift zunächst absehen, durch meine Deutung hinfällig geworden. Es kommt in der Inschrift auch nicht ein einziges *oi* für *ei* vor. Das *einom* ferner ist nach meiner Deutung gleichfalls nicht vorhanden. Und dass man nicht berechtigt sei, anzunehmen, dass man in der Abfassungszeit unserer Inschrift noch *cosmis* statt *comis* gesagt habe, kann ich nicht einräumen. Dem *triresmus* der Duiliusinschrift legt Jordan selber mit Recht einiges Gewicht bei. Aber die Form steht nicht allein. Das angebliche *Casmena* für *Camena* ist freilich auch mir nicht sicher, und in *cosmittere*, wenn es diese Form je gegeben hat, liegt der Fall anders, aber *pono* für *posno* ist doch absolut sicher, und auch an dem *pesna* der Glossographen zweifelt Jordan nicht mit Recht. Dass zwar das Wort nicht vom gr. πετηνά komme, ist ja zuzugeben, aber dass es von Wurzel *pet* „fliegen" herkomme, wird doch wohl niemand leugnen wollen, und dann lautet seine Grundform *petna*. Von dieser Form zu *penna* aber giebt es im Lateinischen nur den Weg über *pesna*. Und dass Livius noch *dusmus* statt *dūmus* gesagt habe, berichtet Paulus (pag. 67 Mü.), und ebenso Festus (pag. 205), dass man *caesna* statt *caena* sagte. Das *osmen* für *ōmen* bei Varro (l. l. pag. 103 Mü.) mag allerdings etymologisches Produkt sein, aber die übrigen genannten Formen anzutasten, liegt doch kein Grund vor. Man wird also auch in dem *cosmis* für *comis* nichts Unlateinisches finden dürfen. Die *Toitesia* endlich hat sich in das ihr gebührende Nichts aufgelöst, kommt also nicht mehr in Frage. Es bleibt somit durchaus nichts Unlateinisches übrig, abgesehen von der Linksläufigkeit der Schrift, auf die ich weiter unten zu sprechen komme.

Zuvor aber wende ich mich zu der Frage nach dem Alter unserer Inschrift. Dasselbe wird von den bisherigen Interpreten folgendermassen angesetzt: Dressel (192) legt sie etwa an das Ende des vierten Jahrhunderts der Stadt, Bücheler (236) in den Anfang des fünften, Jordan (Herm. 256) spätestens um die Mitte des 5. Jahrhunderts; „ihn für bedeutend älter zu halten, berechtigt uns nichts", Bréal (22) an das Ende des vierten oder den Anfang des dritten Jahrhunderts vor Christo, was also auch die Mitte des fünften Jahrhunderts der Stadt ergiebt. Diese Ansätze werden wegen des durch meine Deutung völlig veränderten Standpunktes eben von diesem aus nachzuprüfen sein, und zwar betrachte ich zuerst die Sprachformen unserer Inschrift, sodann die Schrift.

Die charakteristischen sprachlichen Erscheinungen derselben nun sind die folgenden:

1) an Stelle des späteren *i* und *u* erscheint noch ausnahmslos *e* und *o*, sowohl im Stamme, wie in den Endungen: Belege: *en, endo; feked; duenos, deivos, manom, endo;*

2) die diphthongische Schreibung wechselt bereits mit der einlautigen, sowohl im Stamme, wie in den Endungen; Belege: *deivos, veisat, ei,* aber *i; nei,* aber *ne* und *pakari· nois, cois, duenoi,* aber *malo;*

3) besonders altertümliche Vokalisation zeigt *duenos* für späteres *duonos;*

4) geminierte Konsonanten finden sich nicht; Beleg: *mitat;*

5) auslautendes -*s* ist noch stets bewahrt; Belege: *deivos, duenos, (cosmis, nois, cois);*

6) auslautendes -*m* fällt schon vereinzelt ab; Belege: *manom, nom,* aber schon *ja* für *jam;*

7) auslautendes -*d* wird noch ausnahmslos bewahrt; Belege: *med, ted; statod;*

8) auslautendes -*t* erscheint vereinzelt als -*t*, meist als -*d*; Belege: *mitat,* aber *sied, asted; feked;*

9) der Rhotacismus ist schon eingetreten; Beleg: *pakari;*

10) das inlautende *s* vor *m* ist noch erhalten; Beleg: *cosmis;*

11) das anlautende *du* ist noch nicht in *b* übergegangen; Belege: *duenos, duenoi;*

12) als besondere Wortformen sind zu bezeichnen: *endo; sied; qoi; nois, cois.*

Es liegt auf der Hand, dass, wenn wir das Vorkommen dieser 12 Punkte in den inschriftlich erhaltenen datierbaren Denkmälern des älteren Lateins prüfen, wir einen ziemlich sicheren Anhalt für das Alter unserer Inschrift gewinnen müssen.

Ich beginne diese Prüfung mit dem ältesten Scipionensarge CIL. I. no. 30 aus der zweiten Hälfte des fünften Jahrhunderts. Die Inschrift desselben zeigt folgende Verhältnisse: 1) es sind *i* und *u* fast schon durchgedrungen: *fuit* (zweimal), *cepit, subigit, abdoucit; Cornelius, Lucius, Barbatus, pragnatus, quoius, apud*, nur in *consol* und *Samnio* ist noch *o;* 2) diphthongische und einlautige Schreibung wechseln: *quei* und *virtutei*, aber *Scipio; Loucanam, abdoucit*, aber *Lucius;* 3) fehlt; 4) die Gemination fehlt in *parisuma;* 5) das auslautende -*s* ist überall bewahrt: *Cornelius, Lucius, Barbatus, pragnatus, (quoius, fortis, aidilis, ros);* 6) auslautendes -*m* fehlt meistens: *Taurasia, Cisauna, Samnio, omne*, nur in *Loucanam* ist es erhalten; 7) auslautendes -*d* fehlt bereits in *patre*, während es in *Gnaivod* noch erhalten ist; 8) auslautendes -*t* sinkt nicht mehr zu -*d: fuit* (zweimal), *cepit, subigit, abdoucit;* 9) bis 12) fehlen. Die Sprache des Sarges ist also in den Punkten 1) 6) 7) 8) unzweifelhaft jünger als die unserer Gefässinschrift, altertümlicher in keinem Punkte.

Weiter prüfe ich den jüngeren Scipionensarg CIL. I, no. 32 aus dem Ende des fünften oder dem Anfange des sechsten Jahrhunderts. Dieser zeigt folgenden Status: 1) das *e* und *o* sind noch fast durchweg erhalten: *Tempestatebus, fuet, dedet; consol; filios, honc, oino, optumo, ciro, Luciom, duonoro, cosentiont*, nur in *cepit, Tempestatebus, ploirume, optumo* ist bereits *i* und *u* vorhanden; 2) diphthongische und einlautige Schreibung wechseln: *oino, ploirume*, aber *ploirume, hec, hic, filios, Luciom;* 3) es heisst schon *duonoro*, nicht mehr *duenoro;* 4) geminierte Konsonanten fehlen noch: *fuise;* 5) auslautendes -*s* ist bewahrt: *filios, Tempestatebus;* 6) auslautendes -*m* fehlt fast immer: *oino, optumo, ciro, Corsica, Aleria, Scipione, duonoro*, nur in *Luciom* ist es erhalten; 7) fehlt; 8) auslautendes -*t* sinkt nicht mehr zu -*d*: *fuet, dedet, cepit;* 9) der Rhotacismus ist schon eingetreten: *ploirume, duonoro;* 10) fehlt; 11) das anlautende *du* ist noch erhalten: *duonoro;* 12) fehlt. Auch diese Inschrift ist also in Bezug auf die Punkte 1) 3) 6) 8) jünger, als die unseres Gefässes, im Punkt 2) überwiegt auch schon die einlautige Schreibung, altertümlicher ist sie in keinem Punkte.

Diese beiden Inschriften dürften schon genügen, um zu zeigen, dass in der That unsere Inschrift ihren Sprachformen nach spätestens in die Mitte des fünften Jahrhunderts fällt. Was den terminus a quo anlangt, so bin ich mit Jordan (Herm. 256) der gleichen Ansicht, dass uns nichts berechtige, die Inschrift für bedeutend älter zu halten als die Mitte des fünften Jahrhunderts. Damit stimmt es durchaus überein, wenn Bücheler (236) aus dem Vorhandensein des Rhotacismus in *pakari* schliesst, dass die Inschrift um die Zeit von 418 resp. 442 falle, an welche Jahre die römische Tradition das Aufkommen oder die Durchführung dieser Lauterscheinung schliesse. Ich weiss wohl, dass Jordan (krit. Beitr. 106) diese Tradition, welche sich bekanntlich an die Umformung von Gentilnamen wie *Papisius, Valesius* etc. anschliesst, nicht gelten lassen will, sondern in den Namen auf -*sius* eine andere Bildung sehen will, als in denen auf -*rius*, aber ich halte diese letztere Ansicht für nicht richtig und infolgedessen auch die Zweifel an jener Tradition nicht für begründet. Wir können nämlich in den etruskischen Inschriften den Übergang der Bildung auf -*sius* in die auf -*rius* direkt verfolgen. Im Erbbegräbnis der Veti Afle von Perusia liegen vier Geschwister Arnϑ (Fa. no. 1422), Larϑ (Fa. no. 1434), Arza (Fa. no. 1425) und Θania (Fa. no. 1426) samt ihrer Mutter (Fa. no. 1428) begraben. Letztere heisst nun in ihrer eigenen Grabschrift *larϑi · maresi* und entsprechend in denen der erstgenannten beiden Kinder im Genetiv *maresial*, in denen der letztgenannten beiden hingegen *marerial*. Damit ist der direkte Beweis geführt, dass der Name etr. *mareries* aus *maresies* hervorgegangen ist. Nun ist freilich Etruskisch nicht Lateinisch, und ich bin der Manier durchaus abhold, so ohne weiteres Lauterscheinungen einer Sprache auf eine andere zu übertragen, aber gerade zwischen Etruskisch und Lateinisch lassen sich, wie das ja auch sonst nicht selten zwischen ethnographisch unverwandten, aber geographisch benachbarten Sprachen der Fall ist, so bedeutende Ähnlichkeiten in den Lautneigungen wahrnehmen, — was wohl neben den italischen Lehnwörtern im Etruskischen mit zu dem Wahne, das Etruskische sei eine indogermanisch-italische Sprache, beigetragen haben mag, — dass man darauf hin auch in diesem Falle für das Lateinische das Hervorgehen wenigstens eines Teiles der Namen auf *-rius* aus älteren Formen auf *-sius* wird zugeben müssen. Ist das aber der Fall, dann liegt kein Grund vor, die diesbezügliche römische Tradition zu bezweifeln, und es lässt sich dieselbe dann in der That im Sinne Büchelers für unsere Inschrift zur Bestimmung des terminus a quo benutzen. Es stellt sich also als Schlussresultat heraus, dass unsere Inschrift etwa in die Zeit vom Jahre 400 — 450 der Stadt zu setzen ist.

Es erübrigt schliesslich noch die Betrachtung der Schrift. Jordan (Herm. 254) ist der „keiner langen Auseinandersetzung bedürfenden" Ansicht, dass wir es mit den ältesten Formen der lateinischen Schrift zu thun haben. Ich meine doch, dass eine solche Auseinandersetzung sehr am Platze gewesen wäre, um nachzuweisen, dass die lateinische Schrift jemals ein fünfstrichiges *m* besessen habe, was natürlich auch aus dem W für *Manius* und aus der Buchstabenform auf den Terracotten aus den Gräbern vor dem servianischen Wall nicht folgt, dass die lateinische Schrift jemals *r* durch P bezeichnet, jemals den linken Schenkel des *a* gerundet habe und schliesslich jemals linksläufig gewesen sei. Schon die ältesten römischen Münzen (Ritschl, PLME tab. VI, no. 1—10), welche unserer Inschrift mindestens gleichalterig, wahrscheinlich aber älter sind (cf. l. c. 109), zeigen ohne Ausnahme rechtsläufige Schrift, vierstrichiges *m*, das *r* mit unterem Seitenstrich, das *a* mit zwei geraden Schenkeln, genau wie auch die Fuciner

Bronze die genannten Buchstaben giebt. Bei dieser Sachlage darf man daher wohl mit grösserer Zuversicht behaupten, dass zwar die Schrift der Fuciner Bronze lateinisch sei, obauch bei ihr die Bustrophedonform auf Rechnung sabellischen Einflusses zu setzen ist, nimmermehr aber die Schrift unserer Inschrift. Diese zeigt vielmehr in allen den genannten Zügen den etruskischen Typus und hat sich nur in der Aufnahme des Ⓠ = d und der Verwendung des ꟼ und V nach römischer Weise eben der Weise Roms und seiner Sprache angepasst. Dass die Etrusker in der Fabrikation von Thongefässen sich auszeichneten, ist ja bekannt, dass ein etruskischer Töpfer sich in Rom niedergelassen habe, ist eine in keiner Weise bedenkliche Annahme, und ebenso unbedenklich ist die Annahme, dass er seine Inschrift wohl in lateinischer Sprache, aber in etruskischer, nur in einzelnen Zügen der lateinischen angepasster Schrift abgefasst habe, was kaum auffälliger ist, als das Vorhandensein etruskischer oder oskischer Inschriften in lateinischer oder griechischer Schrift. Und bei dieser Annahme erklärt es sich auch, wie es komme, dass die Sprache der Inschrift keine Spur von Beeinflussung durch einen fremden Dialekt zeigt. Wäre der Schreiber ein Umbrer oder Marser gewesen, dann wäre ja eine Beeinflussung seines Lateins durch seinen dem letzteren verwandten Heimatsdialekt nicht bloss möglich, sondern sogar wahrscheinlich: wenn aber ein Etrusker unsere Inschrift schrieb, wie hätte da wohl seine Muttersprache auf das ihr völlig unverwandte Latein einen Einfluss ausüben können. Wenn ein Holländer deutsch schreibt, mag er leicht eine holländisch gefärbte Schrift von einmischen, wenn aber ein Russe deutsch gelernt hat und es dann schreibt, wird ihm eine Russificierung der Form schwerlich begegnen.

Ob nun aber unseres Töpfers Mädchen diese etruskische Form verstand? Die etruskische Schrift als die einer alten weitverbreiteten und besonders auch in älterer Zeit Rom selbst stark beeinflussenden Kultur ist ohne Zweifel eben in dieser älteren Zeit auch weithin bekannt gewesen und jedenfalls in Rom genügend bekannt gewesen, und es ist daher sehr wohl möglich, dass man zu den Zeiten unserer Inschrift etruskische Schrift dort noch zu lesen verstand. Wenn aber nicht, nun so bietet sich noch eine andere Möglichkeit, die etruskische Schrift zu erklären, bei der es dieser Annahme nicht bedarf. Bekanntlich finden sich unter den pompejanischen Inschriften nicht wenige (der Index des CIL. IV zählt deren 16 auf), welche einzelne Wörter, insbesondere die Personennamen, rückwärts schreiben, wie z. B. *sunibas oicrue sal* (CIL. IV, no. 2400 f.) d. i. *Sabinus Currio sal(utem)* und entsprechend *suicrue onibas sal* (CIL. IV, no. 2400 g) d. i. *Currius Sabino sal(utem)*. Für eine ähnliche Spielerei wäre dann die Anwendung der linksläufigen etruskischen Schrift in unserer Inschrift zu halten. Eine solche Spielerei würde dem neckischen Inhalt der Inschrift durchaus entsprechen, sofern die Empfängerin erst tüchtig buchstabieren soll, bevor sie die Liebesbotschaft, welche ihr das Gefäss bringen soll, enträtselt. Freilich, genaue Parallelen sind jene pompejanischen Inschriften nicht, sofern in ihnen der einzelne Buchstabe rechtsläufig und nur die Reihenfolge derselben linksläufig ist, in unserer Inschrift hingegen auch der einzelne Buchstabe linksläufige Form hat. Die Ähnlichkeit würde eben nur darin zu finden sein, dass in beiden Fällen eine Spielerei vorläge.

Ist diese meine Ansicht, dass wir etruskische, nur in einzelnen Zügen latinisierende Schrift vor uns hätten, richtig, dann lässt sich in der That, darin bin ich mit Jordan (Herm. 252) gleicher Ansicht, aus der Schrift unserer Inschrift ein Schluss in Bezug auf die Abfassungszeit der letzteren überhaupt nicht ziehen, und wir müssen uns mit den sprachlichen Kriterien begnügen, welche, wie oben gezeigt, darthun, dass unsere Inschrift älter ist, als die des ältesten Scipionensarges, daher spätestens in die Mitte des fünften Jahrhunderts der Stadt zu setzen ist.

Es ist eine sehr interessante Inschrift, die uns hier beschäftigt hat, und ich glaube die Untersuchung nicht besser schliessen zu können, als mit Büchelers liebenswürdigen Worten: „[Der Verfertiger] soll tausendmal gelobt sein, weil er sorgsamer und gelehrter als seine Handwerksgenossen dem Kinde einen so langen und sicheren Geleitsbrief mit in die Welt gegeben."

Ülzen.

Carl Pauli.

II.

Miscellen.

1. Zu den etruskischen Inschriften. Von H. Schaefer.
2. Der etruskische Gott *klanins*. Von C. Pauli.
3. Etruskisch *netei* „Schwiegermutter". Von C. Pauli.
4. Marsisch-lateinisch *menurbid*. Von C. Pauli.
5. Zum römischen Libertuspränomen. Von C. Pauli.

I. Zu den etruskischen Inschriften.

a. Identische Inschriften.

1) *larϑ · rete · larϑalsa caialiϑa* — Sena Fa. 423. Ossuarium, dessen Verbleib unbekannt ist. Die Inschrift stammt aus den Heften der Akademie von Cortona, wo aber steht: *larϑ rete : larϑalsa : cainal iϑa*. Fabretti schlägt *larϑalisa* vor, ebenso Deecke (Fo. III, 82), der auch *caialisa* bessert. — Pauli, Stud. II, 22 liest *larϑalsa caialisa*. Die Inschrift findet sich aber thatsächlich wieder in

larϑceie : lartalisa : cainausa — Sena — Fa. 436 bis.

Titulus, herausgegeben von Carpellini. Schon Fabretti vermutet *larϑ rete*. Betrachten wir nun die in den Heften der Akademie vorliegende Lesung *cainal iϑa*, so ergiebt sich als einfache Herstellung:

larϑ · rete · larϑalisa · cainalisa

Die Änderung des letzten Wortes aus *cainausa* ist sehr leicht. Für die Form des weiblichen Genetivs vgl. *llesnalisa* Fa. 499, *atainalisa* 599, *retnalisa* 630.

2) *velia : seianti : aϑ : unatś* — Clusium — Fa. 706 bis. Thonurne. Diese von Sozzi an Fabretti geschickte Inschrift ist zusammengefunden mit Fa. 486 — 494 (Grab der Cumere). Sie ist jedenfalls identisch mit

velia : seiaṇti : aϑ : unatn cumerunia raϑum nasa Clusium — Fa. 491.

„Velia Seianti, des Arnth und der Unatnei (Tochter), Cumerunia, des Rathumsna (Gattin)."

Die Änderungen *seianṭi* und *raϑumṣnasa* ergeben sich mit Sicherheit aus dem zugehörigen Grabziegel Fa. 486.

Von dieser Inschrift giebt 706 bis irrtümlich nur die erste Zeile und zwar steht *unats* fälschlich für *unatu*, welches nach Fa. 486 zu *unatu[al]* zu ergänzen ist.

3) *auleinarspifremrnal* — Clusium — Fa. §22.

Marmorurne, nach Fabretti „einst" in Clusium. Derselbe vermutet *aule marpni remznal*. Die Urne ist aber in der That noch vorhanden:

aule : mareni : fr[em]rnal — Clusium — Fa. 504.

Alabasterurne. Demnach ist Fa. 822 zu lesen: *aule : mareni : fremrnal* „Aule Mareni, der Fremrnei (Sohn)." Die Änderungen sind sehr leicht. Ein Bruder liegt vor Suppl. II, 10 und 11 (Ziegel und Urne): *arnt · mareni · fremrnal*.

4) *rellaurpumisveisapetrnal* — Clusium — Fa. 828.

Urnendeckel. Fabretti giebt die Inschrift nach einem mangelhaften Papier-Abklatsch; über Ort und Zeit des Fundes wird nichts bemerkt. — Dieselbe ist identisch mit

rel : laurpumes : velsa : petrnal — Clusium — Fa. 650.

Urnendeckel. *velsa* ist Beiname. Die erste Inschrift ist also zu lesen:

rel : laurpumes : velsa : petrnal „Vel, des Lauchume (Sohn), Velsa, der Petrui (Sohn)."

5) *θana · ret . . . . tenasa* — Clusium — Fa. 839 bis u.

Thonurne. Das *r* hat die Form eines nach links gewandten römischen *r*. Die Inschrift findet sich wieder

θana · veita tanasa — Clusium — Fa. 758.

Thonurne. Fabretti giebt die Inschrift nach dem Mus. chius. p. 99 und vermutet *reiza*. Aus Vergleichung beider Lesarten ergiebt sich aber vielmehr *retia* als richtig, wie auch Deecke Fo. III, 146 für Fa. 758 schon hergestellt hat. Wenn derselbe aber *tanasa* in *tlesnasa* oder *tetnasa* ändern will, so ist das unrichtig; denn Fa. 839 bis u ist das *r* in der oben beschriebenen Gestalt jedenfalls aus *a* verlesen und *tanasa* als Gattname somit gesichert. — Auch der Umstand, dass beide bislang als verschieden betrachtete Inschriften sich den Angaben nach am gleichen Orte (im Mus. Casuccini) befinden, bestätigt unsere Annahme der Identität.

b. Zusammengehörige Inschriften.

1) *arnϑ remzna arnϑal : ...... cuntnur .. * Clusium — Fa. 694.

Titulus. Das Facsimile (tab. XXXI) giebt *cuntutei*, doch bezeichnet Fabretti den Papier-Abklatsch als schlecht. Für die Herstellung unsrer Inschrift ist von Wichtigkeit Fa. 696 bis: *rl[:] remzna : sepiesa : ucumznal* „Vel Remzna Sepiesa, der Ucumznei (Sohn)."

Daraus ergiebt sich, dass die Remzna den Beinamen Sepiesa fürten und eine Ucumznei in die Familie geheiratet hatte. Ich stelle daher auch unsre obige Inschrift her: *arnϑ · remzna · arnϑal · [sepiesa · u]cumznal* „Arnth Remzna, des Arnth (Sohn), Sepiesa, der Ucumznei (Sohn)" und sehe darin einen Bruder von Fa. 696 bis.

Die Lücke genügt für das Wort *sepiesa*, sonst kann dasselbe auch abgekürzt gewesen sein, wie Fa. 698. 716. — Ist diese Herstellung aber richtig, so gehört unsre Inschrift wohl zu

ar : sepiesa : ucumznal — Clusium — Fa. 709 bis b.

Urnendeckel. Dass hier der Beiname allein steht, ist nicht auffällig und begegnet auch Fa. 708 : *rl · sepiesa · rl · cuislanias*.

2) *lϑ · relcialu · ripinal · lupu* — Clusium — Fa. 762. Thonurne mit Frauenbild auf dem Deckel, jetzt in Florenz. Durch das Bild verleitet nimmt Deecke, Fo. 1. 63 *relcialu* für *relcialua* mit Hinweis auf Suppl. I, 211, wo übrigens *relcialua[l]* zu lesen ist. Das Bild ist aber für die Bestimmung des Geschlechts des Toten nicht massgebend. Vgl. z. B. Fa. 523. 539. 638. 776 bis. 1030. 1371. 1453. 1618. 1761, wo überall ein Frauenbild sich bei sicher männlichen Toten findet. Dass auch unsre Inschrift als männlich zu fassen ist, zeigt der zugehörige Ziegel

larϑ · relcialu · larϑal · ripinal Fa. 233.

„Larth Velcialu, des Larth und der Vipi (Sohn).˝ *)
Derselbe ist jetzt in Florenz, doch zeigt eben die Zugehörigkeit zu Fa. 762, dass er gleichfalls aus Clusium stammt.
3) *aθ camere · frauna claintiz* — Sarteano — Fa. 1011 bis 1. Urnendeckel. Dass die Inschrift aus Clusium stammt, zeigt die zugehörige

ar : camere : fracu al — Clusium — Fa. 490.

Urne, jetzt gleichfalls in Sarteano. Dass *camere* Beiname der *seiante* ist, zeigen Fa. 486. 491. — Eine Schwester unserer Inschrift ist Fa. 704 bis: *seianti : camerunia ; fraunal : sec : cicusa* „Seianti Camerunia, der Fraunei Tochter, des Cicu (Gattin).˝ Die Grabschrift der Mutter zeigt Fa. 601 bis b: *larθi : fraunei : cameresa* „Larthi Fraunei, des Camere (Gattin).˝ Statt des *claintiz* am Ende von 1011 bis 1 ist wohl am einfachsten zu lesen *claņ · tit[eś]* und zu übersetzen: „Arnth Camere, der Fraunei Sohn (und) des Tite.˝

Die Nachstellung des Vater-Vornamens hinter den Familiennamen der Mutter findet sich z. B. auch Fa. 410. 440 bis d. c. 585. 618. 622. 794.

4) *cuisinei carcus* Montepulciano — Fa. 933.

Grabziegel, jetzt in Florenz. — Lanzi liest *ruisinei carcusa*, und letzteres Wort ist jedenfalls richtig, denn in Clusium und Umgegend ist die Bezeichnung des Gatten durch die Genetiv-Endung *s* der Zahl nach verschwindend gegen die Endung *sa*, während wieder in Perusia das *sa* fast gänzlich dem *ś* Platz macht. Die zu diesem Ziegel gehörige Urne findet sich

θana · cuſisiſnei · carcu — Fa. 247.

Dieselbe ist jetzt in Florenz, stammt aber natürlich auch aus Montepulciano. *carcu* ist zu *carcu[sa]* zu ergänzen.

5) *la · ci · relimna · ar* — Perusia — Fa. 1840.

Urnendeckel. Es ist hier, wie auch sonst ziemlich häufig, die zweite Zeile vor der ersten zu lesen und darnach zu

---

*) Auch Deecke, Fo. I, 63 erwähnt diese Inschrift, ohne natürlich die Beziehung zu Fa. 762 anzuerkennen. Corssen hat hier also in Beziehung auf das Geschlecht recht.

übersetzen: „Arnth Velimna, des Larth und der Vipi (Sohn)."
Dann aber ist es sehr wohl möglich, dass diese Urne zu der über dem Eingange des Velimna-Grabes bezeichneten Person gehört: *arnθlarθvelimnaś* u. s. w. Fa. 1487. „Arnth, des Larth Velimna (Sohn)." Die in unserer Inschrift erscheinende Nachstellung des Vornamens findet sich im Velimna-Grabe, wenigstens bei der Bezeichnung des Vaters, auch Fa. 1490 bis 1494. Erwähnt mag noch werden, dass auch der gleiche Fundort (Villa del Palazzone) unsere Zusammenstellung bestätigt.

c. Besserungen nach verwandten Inschriften.

1) *θana · carpnati ˌ renuca* — Clusium — Fa. 628 quater. Grabziegel. Vergleichen wir Fa. 779: *lr · ripi · renu [:] carpnatial* „Lar Vipi Venu, der Carpnati (Sohn)", so ergiebt sich, dass oben zu lesen ist *renuṣa:* „Thana Carpnati, des Venu (Gattin)." *renu* ist Beiname der *ripi*.

2) *hastia : minia ś : retesa* — Clusium — Fa. 658 ter a. Grabziegel. Es ist zu lesen *maniaś*. Die Grabschrift der Mutter zeigt Fa. 658 ter b: *hastiˌmania śalinal* „Hasti Mania, der Salinei (Tochter)"; die der Grossmutter Fa. 658 ter c: *śalineˈi : manesa* „Salinei, des Mane (Gattin)."

3) *fasti · tetnei · ps · śec ˈ cicusa* — Clusium — Fa. 720. Grabinschrift. Deecke, Fo. III. 228 nimmt nach Fa. 721: *larθi : tetinei : pulfnal : śec : papa sliśa tlesnasa* das *ps* unserer Inschrift als Abkürzung für *papasliśa* oder *papas* als des väterlichen Beinamens. Diese Abkürzung wäre indes etwas merkwürdig. Einfacher scheint mir, ebenfalls auf Grund von Fa. 721, *pf* zu lesen, als Abkürzung von *pulfnal*, und zu übersetzen: „Fasti Tetnei, der Pulfnei Tochter, des Cicu (Gattin)."

Die beiden Inschriften bezeichnen also Schwestern. Die Änderung des runden *s*, wie die Inschrift es zeigt, in *f* ist sehr leicht.

4) *aθ : li · · · icesu : tizial* — Arretium — Fa. 845. Travertinurne. Die Inschrift ist, wie Pauli, Stud. III. 146 zeigt, identisch mit Ga. 94: *aθ : li · · · · cesu : titial*. Pauli,

Stud. III, 119 liest /θu/i: *cesu* „hier liegt". Vergleichen wir aber Fa. 645 bis: *rel · latini : cesusa : la* „Vel Latini, des Larth Cesu (Sohn)", so ergiebt sich, dass *cesu* Beiname der Latini ist, und unsere Inschrift ist zu lesen: *aθ : la/tiu/i [:] cesu : titial* „Arnth Latini Cesu, der Titi (Sohn)"; im letzten Worte ist Gamurrinis Lesung vorzuziehen.

5) *larθi : θazuliei* — Montepulciano — Fa. 942. Urne. Fabrettis Lesung ist ungenau; das Facsimile nach Gori giebt vielmehr *θazntnei*, und dazu stimmt Fa. 876 ter h · · · · *θaznθnal*, vielleicht ein Kind der in unserer Inschrift Genannten. Der Wechsel des T-Lautes findet sich auch sonst.

6) *aneś · caeś · puil · hui ¹ iui · ei · itruta* — Fa. 986.
ane · cae · vetus · acnaice — Fa. 985.
arnθ · caeś · aneś · ca · · · · | clanpuiae — Fa. 987.

Urnendeckel aus Pienza (jetzt in Leiden). Die drei Inschriften nennen, wenn auch in verschiedener Beziehung, offenbar dieselbe Person *ane cae*. Dies ist auch die Ansicht von Deecke (Fo. III, 26).

Da dieser nun in 985 *acnaice* als „und *acnai*" deutet (ebenso Pauli, Stud. 1, 47), so muss er 987, wo ein Sohn des *ane cae* und seiner Gattin genannt ist, das *ca · · · ·* als *caial* fassen und sieht darin den Vornamen der *acnai*. Diese Auffassung ist aber unstatthaft, weil die Bezeichnung der Mutter durch den blossen Vornamen gegen allen Brauch ist. Daher bleibt höchstens die andere, von Deecke gleichfalls erwähnte Möglichkeit, eine doppelte Ehe anzunehmen. Aber auch diese ist doch nur ein Notbehelf für den Fall, dass sich kein anderer Ausweg bietet. Ein solcher steht aber thatsächlich offen. Die Form *acnaice* in Fa. 985 hat für die Deutung Deeckes und Paulis erhebliche Schwierigkeiten, zunächst wegen des *ai*, statt dessen regelrecht *ei* zu erwarten wäre. (Vgl. Mü.-Dee. Etrusker II, 456, wo Deecke selbst unsern Fall für zweifelhaft hält.) Besonders aber erregt die Form *ce* in *acnaice* Bedenken. Die Verbindungspartikel lautet stets nur *c*, und dass dieses aus *ce* entstanden sei, wie Deecke, Etr. II. 502 meint, ist bis jetzt blosse Vermutung. Alle

Schwierigkeiten schwinden dagegen, wenn wir lesen *aenalel* = *aenal · el[an]* und Fa. 985 übersetzen „Ane Cae, des Vetu und der Aenei Sohn." Der Nominativ des Namens, nur in aspirierter Form, liegt vor Fa. 867 *θania : aχnei : latinisa*. Da wir nun für Fa. 987 freie Hand haben, können wir auf die einfachste Weise *ca[inal]* ergänzen. Wissen wir aber, dass die Gattin des *ane cae* den Namen *cainei* führte, so ist dieser Name endlich auch Fa. 986 zu erwarten, und ich lese mit Voranstellung der zweiten Zeile:

[ca]inei · [p]etruna[l] anes · caes · puia · θui

„Cainei, der Petrunei (Tochter), des Ane Cae Gattin (ruht) hier."

Ich verkenne nicht, dass die Änderungen in den beiden ersten Worten etwas stark sind, aber die Inschrift ist offenbar auch arg entstellt, und jedenfalls scheint mir obige Lesung einfacher als Deeckes Übersetzung des *itruta* durch „consecrat" (Fo. V. 54), die noch mehrere Punkte unerklärt lässt.

7) *śurtui : plauti : ar : pum capznaś* — Perusia — Fa. 1272. Urnendeckel. Fabrettis Lesung ist ungenau. Der Papier-Abklatsch (tab. XXXVI) giebt vielmehr: *ppu tui · plauti rpump capznaś;* und ähnlich liest Conestabile (Suppl. I, p. 102): *ppu · tui [pl]auti · artump capznaś*. — Darnach ist mit Sicherheit zu lesen:

r · pu[m]pui · plauti · ar · pump capznaś

„Velia Pumpui Plauti, des Arnth Pumpu (Tochter), des Capzna (Gattin)." Die Inschrift stammt aus dem Grabe der Pumpu Plaute.

8) *manal ul θiai* · · · — Perusia — Fa. 1340.

Urne. Erster Teil einer bilinguis. Deecke. Fo. III. 240 ändert nach der Abbildung Goris den Anfang mit Recht in *[θ]urmana;* der Rest sei heillos verdorben, am nächsten liege *larθial*. Gegen diese Lesung spricht aber die Lücke hinter *manal*. Einfacher scheint mir daher *[θur]mana · l[a]lθiθial* mit vorne zu ergänzendem Vornamen, und diese Lesung findet noch eine anderweitige Bestätigung. Vergleicht man nämlich die clusinischen Inschriften Fa. 554 *ar : θur-*

mamu : latiθial und Fa. 554 bis 70 : *θurmna : latiθial*, so ist möglich, dass unsere Inschrift einen dritten Bruder nennt, der bei den Verwandten in Perusia gestorben und begraben ist.

9) *arra · percumsnal* — Perusia — Fa. 1571. Urnendeckel. Nach den Inschriften aus dem Grabe der Rafi Fa. 1283. 1288. 1289, die den Mutternamen *percumsnal* zeigen, ist vielleicht auch hier zu lesen: *ar · ra[ffi] · percumsnal* „Arnth Rafi, der Percumsnei (Sohn)."

10) *za · preχu · ia · mialeepu* — Perusia — Fa. 1715. Urnendeckel. Der Cod. Perus. liest: *za · preχu · ia · ntialeepu;* Vermiglioli: *la : preχu · · · · ntial : vepu.* Vergleicht man Fa. 1713: *an precu · la · vipial,* so ergiebt sich die Herstellung

la · preχu · la · vipial · vepu.

„Larth Prechu, des Larth und der Vipi (Sohn). Vepu." Die Änderungen sind sehr leicht. Die beiden Inschriften bezeichnen Brüder.

11) *θa · serturi · amtnes · · ·* — Perusia — Fa. 1772. Titulus sepulcr. Da nach Fa. 1552: *θanu · amθnia · sertur[us]* eine Amthnia Gattin eines Serturu war, so ist oben am einfachsten zu bessern *amtnea[l].* Der Wechsel der T-Laute und die Endung *eal* für *ial* haben genügende Analogieen.

Hannover. H. Schaefer.

---

2. Der etruskische Gott *klaninś*.

In meinen etr. Stud. III, 83 hatte ich unter no. 251 die Inschrift *miklanin[śl]* (Fa. no. 2608 bis) als „dies dem Klaninś" übersetzt und darin eine Dedikation an einen Gott *klaninś* gesehen. Dieser Gott *klaninś* ist von Deecke mehrfach (z. B. etr. Fo. V, 24 not. 89) angezweifelt worden, nicht mit Grund, wie ich meine. Unmittelbar identisch nämlich mit *klaninś* ist der dreimal auf dem Placentiner Templum erscheinende Gott *cilens*. Das Etruskische kennt nämlich den *i*-Umlaut des *a* zu *e*, wie z. B. von *clan* „Sohn" der Genetiv *clenśi* und *clens*, letzteres mit Abfall des -*i*, heisst. Dem genau entsprechend wird aus *klaninś* zunächst *clenins*. Tieftonige Vokale aber werden ferner im Etruskischen ungemein häufig ausgestossen, so dass also aus *clenins* weiter *clenns*, nach etruskischer Orthographie *clens* geschrieben, entsteht. Wie nun aber weiter der Name *slaiϑe* (Fa. no 1508) als *silaiϑe* mit einem zwischen *s* und *l* eingeschobenen *i* erscheint (Fa. no. 1648), so bildet sich aus *clens* das *cilens* des Templums. Was für ein Gott nun freilich dieser *klaninś — cilens* sei, dafür fehlt zur Zeit, so weit ich sehe, noch jeglicher Anhalt, falls man nicht etwa den Namen mit *clan* „filius" zusammenbringen, dies als „genitus" erklären und in dem *klaninś* eine dem lat. *Genius* entsprechende etruskische Bildung sehen will, etwa wie etr. *hinϑial* eine Übersetzung des gr. Ψυχή ist (cf. Verf. etr. Stud. III, 30).

Ülzen. C. Pauli.

3. Etruskisch *netei* »Schwiegermutter.«

Zu den bisher bereits bekannten Verwandtschaftswörtern des Etruskischen, *clan* „Sohn", *sec* „Tochter", *puia* „Gattin", gesellt sich als ein neues derartiges Wort *netei* „Schwiegermutter", wie es sich ergiebt aus der Vergleichung folgender vier Inschriften:

au : cai : ϑurmna : se : raplial — Perusia — Fa. no. 1333.
„Aule Cai Thurmna, des Sethre (und) der Rapli (Sohn)."
ar : ϑurmna : se raplial — Perusia — Fa. no. 1334.
„Arnth Thurmna, des Sethre (und) der Rapli (Sohn)."
larϑi : rapli : ϑurmnaś : petrua — Perusia - - Fa. no. 1335.
„Larthi Rapli, des Thurmna (Gattin), der Petrui (Tochter)."
larϑi : petrui : ϑurmnaś : netei — Perusia — Fa. no. 1336.
„Larthi Petrui, des Thurmna Schwiegermutter."
Alle vier aus dem Erbbegräbnis der Cai Thurmna.

Die in den ersten beiden Inschriften Genannten sind Brüder, Söhne eines Seθre Cai Thurmna und einer Rapli. Die Grabschrift dieser letzteren ist in der dritten obigen Inschrift erhalten, und wir ersehen aus derselben, dass die Rapli die Tochter einer Petrui war. Diese Petrui, die also des Seθre Thurmna Schwiegermutter war, ist in der vierten Inschrift genannt, und es ist daher, da *netei* ein Name irgendwelcher Art nicht ist, zu schliessen, dass der Zusatz *θurmnaś : netei* die Bedeutung „des Thurmna Schwiegermutter" habe, wozu die weibliche Endung -*ei* des Wortes *netei* aufs trefflichste stimmt.

Ülzen. C. Pauli.

— —

4. Marsisch-lateinisches *menurbid*.

Auf der Fuciner Bronze heisst es in Z. 3—5 *apurfinem. esalico · menurbid · casontonio*. Das hier erscheinende *menurbid* übersetzt Bücheler (rh. mus. n. f. XXIII, 489) durch „scitu Casuntuniorum" und hält es für gleiches Stammes mit *menerra, promenerrat* „monet." Ähnlich Jordan (Herm. XV, 9), indem er darin eine zu *Men-er-ra* gehörige Bildung *menur-bis* mit doppeltem Suffix erblickt, welche etwa die Bedeutung „sententia, scitu, decreto, tanginud" gehabt habe. Deecke hingegen (Burs. Jahresber. XXVIII, 232) möchte in der Form ein Verbum sehen = „statuit", etwa zu *moenia* gehörig. Mir erschien das alles von Anfang an unmöglich, und ich hatte mir schon längst für dieses Heft die Lesung *apurfinem · esalicom · enurbid · casontonio* notiert, so dass einfach eine falsch gesetzte Interpunktion vorläge und das *enurbid* „in urbe" dem *apurfinem* „apud finem" entspräche, als e. s. im Litter. Centralblatt (Jahrg. 1882, no. 45, p. 1519) eben diese selbe Lesung *enurbid* vorschlug. Ich habe mich dieser also nur einfach anzuschliessen, wie hiermit geschieht.

Ülzen. C. Pauli.

5. Zum römischen Libertuspränomen.

Die Inschrift CIL. I. no. 1091 giebt Mommsen folgendermassen: C · L · P · Tre[boni]orum P P C [f]
thurarie[i sibi] et · liberteis
P · Trebonius [C P] l Nicostratus
M·   C · P · l · Malchio
D·   C·   l · Olopantus
M·   C · P · l · Macedo
A·   C · P · l · Alexsander
Trebonia·   C · P · l · Irena
Trebonia·   C · P · l · Ammia.

Zu Zeile 4 — 7 bemerkt er: „litterae singulares cum vix praenomina hoc loco significare queant (quomodo enim a *Gaio, Lucio, Publio* dominis fiunt *Marci, Decimi, Auli* liberti?). vide num ad cognomina ubivis supplendum sit *P. Trebonius* et in spatio vacuo formula scripta *m(onumento) d(olus) m(alus) a(besto).*" Dieser Ansicht vermag ich nicht beizustimmen, halte die fraglichen Buchstaben vielmehr doch für die Vornamensiglen, so dass in den Lücken der einzelnen Zeilen nicht *P. Trebonius*, wie Mommsen will, sondern bloss *Trebonius* zu ergänzen ist, genau, wie in CIL. I. no. 1029 das zweimalige *Atrius*. Was nun die *M · D · M · A* als Vornamensiglen anbetrifft, so gehört eben die Inschrift noch der älteren Zeit an, wo die Freigelassenen noch freie Vornamen, nicht den des Patrons, führten. In der vorliegenden Inschrift aber hat die Wahl gerade der fraglichen Vornamen einen bestimmten Grund. Es ist nämlich jedesmal der Vorname genommen, der mit dem Sklavennamen des Freigelassenen den gleichen Anlaut hat. So heisst der *Malchio* und der *Macedo Marcus*, der *Alexsander Aulus*. Bezüglich des *Olopantus* hatte schon Mommsen bemerkt: „vide ne sit *Diopantus*, quod tabula fortasse admittit." Wie richtig diese Vermutung war, zeigt uns eben der Vorname *Decimus*, der zu *Diopantus* genau in dem gleichen Verhältnisse steht, wie Vor- und Zuname der anderen. Die Abbildung bei Ritschl PLMC. tab. XCIII. C scheint mir *Oiopantus* zu bieten. In den etruskischen Inschriften sind ○ (9) und ◻ (r) oft so ähnlich, dass aus dieser Ähnlichkeit unzählige Verlesungen entstanden sind. Und ebenso wird auch in unserer Inschrift das anlautende d etwas zu rund geraten sein. Es hat also ein *Olopantus* nie gegeben, und seine Gleichsetzung mit ἔλεγχς, so wie die Folgerungen, die man aus dieser Gleichsetzung gezogen hat (cf. z. B. Jordan im Herm. XV, 20), werden damit hinfällig.

Eine Abweichung von der soeben dargelegten Erscheinung inbetreff der Wahl des Vornamens zeigt nur der zuerst genannte *P. Trebonius [C·P·] l Nicostratus*, aber diese Abweichung hat ihren klärlichen Grund. Denn dass der ursprünglich unrömische, später von den Fabiern recipierte Vorname *Numerius* hier nicht gewählt werden konnte, liegt ja völlig auf der Hand. Dieser *Trebonius* wählte also, weil ihm ein mit *N* anlautender Vorname nicht zur Verfügung stand, das Pränomen seines einen Patrons, was ja dann später eben die herrschende Sitte wurde. Ganz ähnlich finden wir z. B. CIL. I, no. 566 bei den Freigelassenen teils freigewählte Vornamen, teils den des Patrons.

Die Richtigkeit meiner Erklärung findet ihre Bestätigung dadurch, dass, nachdem nun diese Art, das Libertuspränomen zu wählen, einmal entdeckt ist, auch noch weitere Belege derselben sich ergeben. Ich habe mir, ohne lange gesucht zu haben, aus CIL. I folgende angemerkt:

D · Aimilius · L · l | Deiphilus   (no. 1022)
M · Pinari · P · l | Marpor   (no. 1076)
P · Octari · A · l · Philom ···· (no. 1241)

Bei weiterem Suchen würden sich gewiss noch mehr Beispiele finden lassen.

Es ist möglich, dass diese von mir gemachte Beobachtung bezüglich der Wahl des Libertusvornamens schon anderweit veröffentlicht ist; da ich sie indessen nirgend finde und mir die Sache nicht unwichtig zu sein schien, so habe ich geglaubt, ihr hier den Platz gönnen zu sollen.

Ülzen.   **C. Pauli.**

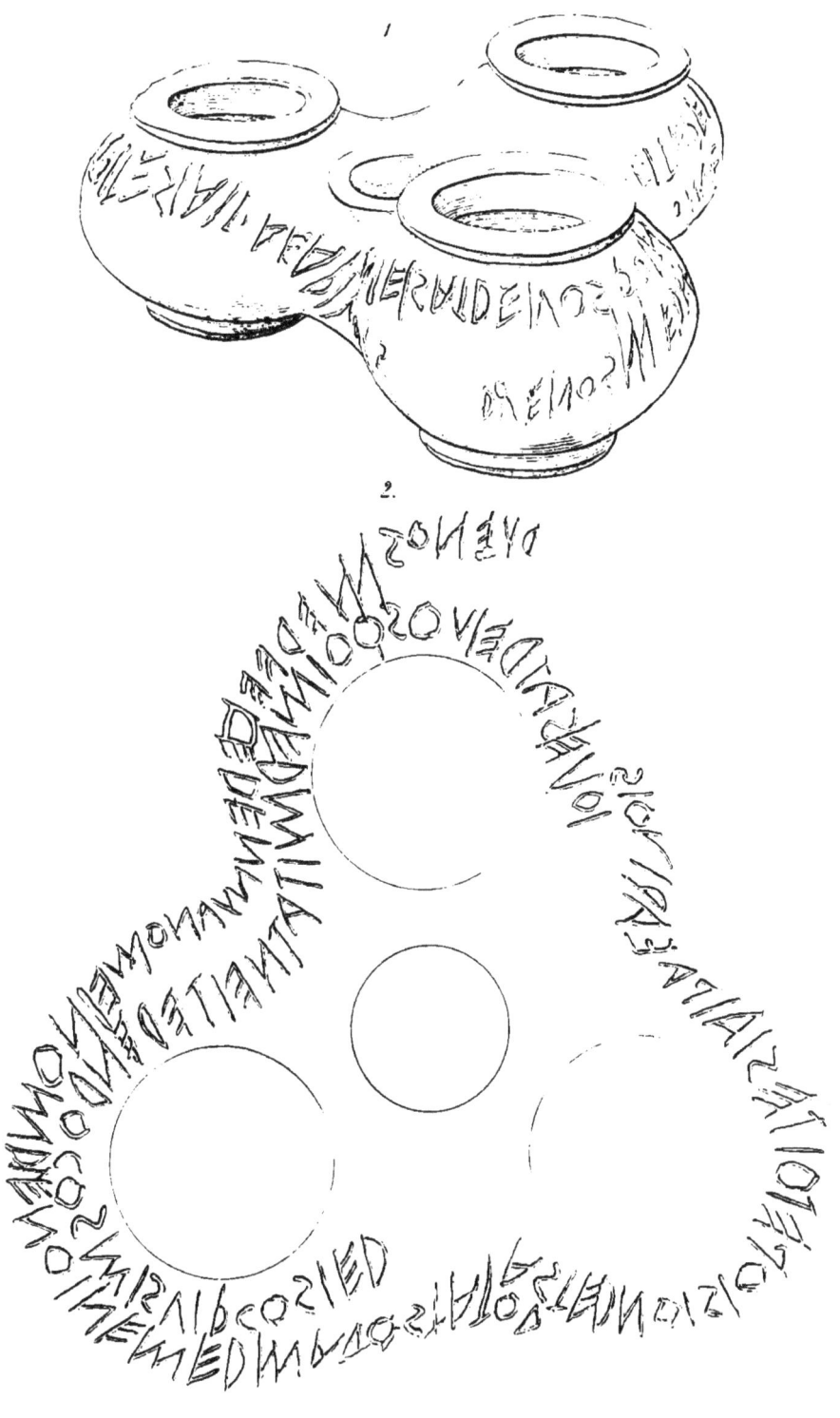

Inhalt.

I. Die altlateinische Inschrift des Gefässes vom Quirinal. Von C. Pauli.

II. Miscellen:
 1) Zu den etruskischen Inschriften (H. Schaefer).
 2) Der etruskische Gott *klanins* (C. Pauli).
 3) Etruskisch *netei* „Schwiegermutter" (C. Pauli).
 4) Marsisch-lateinisch *menurbid* (C. Pauli).
 5) Zum römischen Libertuspränomen (C. Pauli).